恐怖実話
奇想怪談

丸山政也

竹書房文庫

目次

パントマイム

私は二十代の頃、英国ロンドンの衣料品店で働いていたことがあった。そのときのオーナーのブラウンさんから聞いた話である。

ブラウンさんは若い頃、アンティーク家具や古着などを扱う大型ショップで店舗経営の修行をしたそうだが、そのときに一度だけ不思議な体験をしたという。

一九八二年の晩秋のこと。

ブラウンさんが、ロンドン中心部のカムデン・タウンの店で働き出して一年ほど経った頃だった。

ある日、常連の七十年配の男性客がやってきて、ひと頻《しき》り店のなかを見回った後、

「なんだい、あまりに客が来ないからって、変わったことを始めたね」

そんなことをいった。

なんのことかわからなかったが、いつも軽口を叩く客なので、適当に受け流した。

するとしばらくして、観光客らしき東洋人の若い女性が、家具が並んだ一角に佇み、ある一点を見つめている。話しかけると、英語が理解できないのか、手と首を数回横に振り、慌てながら店を出ていった。

別の日にも、同じ家具の場所に立ちながら、虚空をぼうっと見つめている若者がいる。客が帰った後に、その場所に行ってみたが、特に変わったものは見当たらないので、首を捻《ひね》るばかりだった。

その数日後、例の年配の常連客がまた来店して、ひと回りしたかと思うと、家具のところに行って立ち竦んでいる。やはりなにかを見ている様子だが、視線の先には木製のシェルフがあるだけだった。その後、レジのところにやってきて、

「あのひとは毎日やっているのかね。なかなか達者でたいしたものだよ」

意味がわからず、なんのことですか、と尋ねると、

「なんのことって、あのパントマイムをやっている男だよ。なにもないところに掌《てのひら》を

這わせて、さも壁があるかのように見せるあの手際。それを開けてくれとばかりに、どんどんどんどん、と拳を打ちつける必死な形相ときたら本当に寒気を覚えるほどだね。いやしかし、あの域に達するには、なまなかな努力じゃ足らんだろう」

と、そんなことをいう。

「パントマイムとは、一体なんのことでしょう。そんなひとはおりませんが――」

すると、客は放心したように口を開いた。そして、ぶつぶつと独りごちながら帰っていった。そのことを先輩店員に告げると、最近たしかに家具のある辺りで立ち止まって、なにかを見つめている客がいるという。なんとなく奇妙に感じてはいたが、そこまで深くは考えていなかった、と先輩。マネージャーに報せておくべきではないかとブラウンさんは提案したが、しばらく様子をみてからにしようということになった。

それ以降、意識的に家具のほうを見るようにしたところ、すべての客ではないが、やはり時折立ち止まって、虚を衝かれたような顔で空間を見つめているひとがいる。

やはりなにかあるようだった。何度か背後から、そういった客に声を掛けてみると、聞こえていないのか、皆振り向きもしない。ようやく気づいて振り返ったその顔は、ことごとく強張《こわば》っていた。

「なにか気になるものでもございましたか。よろしければ、探しもののお手伝いを致しますが」

そういうと、一様に首を振りながら店を出ていく。

しばらくそんな日が続いたが、あるとき、常連の中年女性が店内を見て回った後にいった。

「なにか変なにおいがするのですけど、なんでしょうね。古いものがたくさん置いてあるからって、そういうのとも違う気がするんだけど。あら、あなたたち、ちゃんとシャワー浴びているのかしら」

ブラウンさんは笑いながら、

「いやだな、ちゃんと浴びてますよ。三日に一度は必ず」

もう少し浴びたほうがいいわね、そう笑顔でいうと、陶器を買って女性は帰っていった。

その頃から、においに関して指摘してくる客がちらほらと出てきた。ふらっと入ってきた一見客にまで、この店なにか変なにおいがしますよ、といわれたので、これはただごとではないとブラウンさんは思った。しかし、このところ特別変わったものは仕入れていなかったし、先輩店員もブラウンさんも、客のいう異臭がなんのことなのか、さっぱりわからなかった。ふたりとも毎日店にいるので、鼻が馴れてしまっているのかもしれないと、ブラウンさんは考えていた。

そんなある日、やはりなにかにおいがするな、と先輩がいった。そうですかね、とブラウンさんも鼻をひくつかせてみると、饐《す》えたような、生臭いようなにおいが薄く鼻腔を衝いた。

「あっ、たしかに。しかし、なんのにおいだろう。どこからにおってきますかね」

ふたりで店のなかを回ってみたところ、家具を並べている辺りが、ひと際強いように感じた。が、そこには、においが出そうなものなど置いていない。家具のひとつひとつに顔を近づけて嗅いでみたが、古めかしい木材の香りがするだけだった。

そうしている間にも、においは次第に強くなってくる。野菜や果物、あるいは肉や魚を一緒くたにしたものがひどく傷んだような、そんなにおいだった。

これまで一度も感じたことがなかったのに、ふたりの店員が気づいてから急に臭気が強くなったのが不思議だった。しばらく原因を探った結果、店のなかではなく、壁の向こうから漂ってきているのではないかと、ふたりの意見が一致した。

これほどのにおいがしていたら、客が来ても帰ってしまうに違いない。マネージャーに報せようということになり、すぐに店仕舞いをし、電話を掛けた。

なにをいってるんだ、とマネージャーは最初のうち取り合わなかったが、ふたりしていうので、とにかく今から向かう、といって電話を切った。それから一時間ほど経った頃にマネージャーはやってきたが、店に入ってくるやいなや鼻をつまんで、

「おい、なんなんだこのにおいは。一体どうしたらこんな——」

そういって、激しく咽《むせ》ている。

「ええ、どうやら壁の向こう側からきているようです。僅かな隙間を縫って漂っているみたいですね。しかし、それにしたって臭すぎますよ」

先輩がそういうと、マネージャーはなにか思案気にしている。

「壁の向こうか。……いや、実はな、ここは元々リージェンツ運河のための倉庫だったんだが、この建物のすぐ横に小部屋があるらしい。機材を入れておく部屋だったのか、

詳しいことは知らんが。六〇年代から開かずの間だというんで、商品ストック用に当初その部屋も借りるつもりでいたんだ。しかし大家が鍵を紛失したというので、だったらここだけでいい、と断ってね。とにかく大家に訊いてみよう」

大家に連絡を取ると、鍵はこじ開けてもいいからなかを確認してみてくれ、とのことだった。

開かずの間の扉は倉庫の裏側にあった。今まで気づかなかったのも無理はないと思われるほど狭い扉で、躯《からだ》を横にしてようやく通れるかどうかという幅しかない。いずれにしても、在庫置き場にはならなかっただろうと思われた。

扉には鍵が掛けられていたが、素人にはどうしようもないほど頑丈なものが付いており、またひどく錆びついていた。仕方なく業者を呼び、鍵を開けるように頼んだ。が、業者も難儀したようで、扉ごと外すしかないという。暫しの考慮の末、マネージャーの責任で取り去ることになった。

小一時間ほどの作業でようやく扉は外されたが、どうしたことか室内からは、なんのにおいもしてこない。部屋はさほど広くはなさそうだが、こう暗くては迂闊《うかつ》に踏み込むこともできないので、ブラウンさんは店に戻り、懐中電灯を持ってきた。その明かりに導かれるように、三人の男たちは部屋に入った。すると——。

光の照らす先になにかが見えた。

黒い背広が床に落ちている——と、そう思ったが、違った。するとそのとき、うおおおッ、と一番後ろにいたマネージャーが唸った。

床に転がった上着の衿のなかに、白く、まるいものが見えた。

完全に肉の溶け落ちた、白骨化したしゃれこうべだった。

「う、うわッ」

短く叫びながら三人は部屋から転び出た。すぐに警察へ通報すると、ほどなくパトカーが数台来て、俄《にわ》かに物々しい雰囲気に包まれた。

後にわかったことでは、死体は成人男性のもので、死後十年以上は経っているとのことだった。更に愕《おど》ろくべきことに、躯は縄で強く縛られており、殺人事件と断定されたという。

倉庫のオーナーが呼ばれ、ひと通り取り調べられたが、死体の身元も不明なうえ、本当になにも知らなかったようで、それ以上は追及されなかったそうだ。

とっくに白骨化した死体なのに、なぜあれほどの腐敗臭がしていたのか。また部屋に踏み込んだとき、あの不快なにおいがまったくしなかったことが、ブラウンさんは不思議でならなかった。

それ以降、店内の異臭騒ぎも収まり、パントマイムをする男を見る者もいなくなったそうである。

梅屋敷

神奈川県に住む友人の叔父Kさんの話である。

今から三十年ほど前の初春のことだという。写真撮影が趣味だったKさんは、首からカメラをぶら下げながら、なにかいい被写体はないかと街なかを散歩していた。前日、雪が降ったので、道路はぬかるみ、空気も冷え冷えとしている。それでもあちらこちらに春の萌芽が感じられ、眼を惹く構図があると、すかさず一眼レフを構えた。

歩くうちに、緩やかな勾配の細い坂道を見つけ、なんとなく気になり上っていった。するとと武家屋敷を思わせる、古色蒼然《こしょくそうぜん》とした大きな家屋が右手に建っている。

こんな近くにこれほど立派な屋敷があったとは。

意外に思っていると、雪が積もった塀のうえに高さ五メートルはありそうな梅の大木が見え、その枝に淡く花が咲いている。他人の敷地だが、正面から撮るわけではないのだからと、許可を取らずに数枚シャッターを切った。

しばらくぶらついた後、自宅に戻り、フィルムを現像するため暗室にこもった。

どれもよく撮れていたが、なかでもあの坂の家で撮影した梅の花の写真が、構図や色合いもさることながら、なにか強く訴えかけてくるものがあり、新たな気に入りの一枚になった。大きく引き伸ばすと、額に入れて、玄関の壁に飾った。

それから一週間ほど経った、ある日の黄昏時。

自宅で横になりながらテレビを観ていると、玄関の呼び鈴が鳴った。出ると、三十代半ばほどの知らない婦人が立っている。保険か化粧品のセールスレディかと一瞬思ったが、髪は短いパーマヘアで、着ているものも毛玉が目立つねずみ色のセーターにベージュのロングスカートという格好で、どう見ても主婦の普段着という感じだった。近所のひとかとも考えたが、やはり見たことのない顔である。すると、女は無遠慮に三和土《たたき》まで入り込んできて、

「先日、○○坂で、写真をお撮りになりませんでしたか、あなた」

挨拶もなしに、突然そんなことをいわれたので、Kさんは返答に困ってしまった。すると、

「あそこは私の自宅なのです。十八のときに伊豆の稲取からこちらに出てまいりましてね。その翌年に主人と出会いまして、一緒になったんです。無駄に広くて、なにもかもが古い、不便なだけのあの家に、それ以降住んでおりました。主人の両親はとうに亡くなっておりましたから、そういった意味での煩《わずら》わしさはありませんでしたが、独身の、口煩《くちうるさ》い小姑がひとり同居しておりまして、これが毎日毎日、私に辛く、厳しくあたってきましてね――」

聞いてもいない身の上話を、独り言のように女は話し始めた。どれだけ酷い仕打ちを小姑から受けてきたかを、女は滔々《とうとう》と語る。

一体、なんなんだ。たしかに写真は撮ったが、わざわざ自宅まで来られて、そんな話をされるいわれはない。

最初のうちは女を見据えながら聞いていたが、勝手に撮影したことで少し負い目に感じるところもあり、俯《うつむ》きがちになっていると、一瞬、沈黙が訪れた。ひと頻《しき》り話し終え

たのかと思ったら、

「先日、○○坂で写真をお撮りになりませんでしたか、あなた」

そういい、同じ身の上話が最初から始まった。

――これは弱っちまったな……。

どうやって追い返そうか、女の足元を見つめながら考えていると、

「壁に掛かっている、この梅の写真、これは拙宅でお撮りになったものでしょう？　まあ、こんなに綺麗に写してもらって、幸せな木だこと」

そう女がいうので、黙っていられず、

「いえね、けっしてお宅さまの屋敷を撮ったんじゃないんです。坂を上っておったら、塀に積もった雪と梅が相まって綺麗だったもんで、つい――」

すると、それを遮るように、

「忘れもしませんわ」

女が呟いた。意味がわからず、なにをです、と問うと、急に掠《かす》れた男のような声で、

「ああ忘れるものか、大晦日の夕方《ばんげ》、首を吊ったんだ、その木の枝で――」

はッ、として顔を上げると、女の姿が忽然と消えている。

今のはなんだったのか。白昼夢でも見ていたのだろうか。いや、断じて幻覚などではない。その証拠に、昼間、玄関を掃き掃除したばかりなのに、水気を含んだ土塊《つちくれ》が、ちょうど女が立っていた三和土のうえに落ちていた。

玄関前で膝を突いたまま、Kさんはしばらく立つことができなかったという。


それから半年ほど経った頃、自治会の寄り合いがあった。

町会長の知人に映画製作をしている者がおり、この地域で大きめの古民家を探しているが誰か知らないか、とのことだった。莫大な予算が掛けられた映画で、出演者も豪華とあって、封切りになった際にはひとつ町興しになるのではないか、と町会長。

と、そのとき誰かが、あの梅屋敷はどうかね、といった。話によれば、例の坂にあるKさんが写真を撮った、あの家のことのようである。

「あそこは空き家のはずだ。たしか今の持ち主は隣町に住んでいるということやが」

すると、他の者が、いやあダメだあそこは、と呟いた。

「……そうさな、あれから十年は経つかね、あの家の若奥さんが大晦日の晩に首括りよってから。ほどなく旦那も急な病気で亡くなってしまってな。ただひとり残った旦那の姉さんも、気が触れたようになってしもうて、どこか他に移っちまったんだわ」

――だからよ、あんな縁起の悪い家を映画になど使っちゃいけねえ。

女がそういった形で亡くなったことは、隣近所の者しか知らされていなかったようで、殆どの者は初めて聞いた様子だった。

第一発見者は出入りの酒屋だったそうだが、女は梅の木の一番低い枝に紐を掛けて縊《くび》れていたという。まったく風などないのに、蓑虫《みのむし》のようにゆらゆらと揺れていたそうである。

鶴女房

個人で土建業を営むWさんの話である。

十年ほど前、Wさんの住む街で土地区画整理事業の話がもち上がった。駅前の商店街や道路、公共施設などを大幅に整備しなおす大事業である。その際にWさんにも仕事の依頼が持ち込まれた。

駅の西口にある民家の解体である。家屋の解体は本職ではないが、Wさんは頼まれればどんな仕事でも引き受けた。個人事業主なので生活のためには背に腹は代えられない。今までにも何件か同様の依頼を受けたことがあったので、要領はわかっている。

当日、同業の仲間ふたりに声を掛け、一台のトラックで現場へ向かった。

周囲の家々はすでに潰されたものもあり、早朝の凛《りん》とした空気のなか、少し埃《ほこり》っぽさを感じる。

「さて、やるか」

同業のふたりはともに年下で、ひとりは高校を中退したばかりの十代の若者、もう片方は二十代前半の暴走族上がりの若者だった。すると暴走族上がりのほうが、

「あ、Wさん、すいません。ちょっと俺、具合悪くなっちまって……。少し休んでていいっスか」

そういいながら、額を抑えてぐったりとしている。

「……ったく、仕方ねえな。わかった。トラックのなかで寝てなよ。その代わり駄賃はねえぞ」

そう答え、ふたりで作業を始める。

セットハンマーとバールを片手に家の前に立った。いかにも古びた木造の平屋で、戦前に建てられたのではないかと思われた。遠慮なく玄関を開け、土足で上がりこむ。ずかずかと家のなかをひと通り見て回ったWさんはあることに気がついた。

「ガスも水道も通ってないんです。この平成の時代にですよ。いつまで住んでいたのか

知りませんが、どうやって生活していたのかな、と――」

家具や食器、衣類や調度品などの生活用具もそのままになっていた。果たして本当にこの家でよかったのかと不安になる。依頼元に電話をしてたしかめてみたが、その家で間違いなかった。

リサイクルに廻すかどうか分別するのは面倒なので、動かせるものはすべて処分してしまうことにした。とはいえ、金目のものがあったら厄介である。後からいわれて揉めることもあるので、そういったものがないか再び家のなかを見て回った。すると、六畳の仏間のほうを見ていた若者が大きな声でWさんを呼んだ。

「掛け軸があるというんです。それで行ってみると、茶色く変色した古臭いのが一幅、床の間に垂れ下がっていて。画は鶴の恩返しのようでしたが、下のほうに小さく〝鶴女房〟と書かれていました。値打ちとかそういうことはわかりませんでしたが、なんか無性に気になったんですよね。それで、他の連中には内緒でこっそり持ち帰ることにしました」

押入れのなかや天袋、天井裏には特にこれといったものはなかった。外に出ると、躯を屈めて軒下を覗いてみた。すると手が届くかどうかという場所に、黒いものがこんもり堆《うずたか》く積まれている。なんだろうと地面に這い蹲り、手で掻き出してみた。すると――。

「髪の毛でした。犬かなにかの獣毛かなと最初は思ったんですが、よく見ると人毛だったんです。だって、長さが八十センチぐらいあるんですよ。そんな動物いませんよね」

ひと抱えしても持ちきれないほどの凄まじい量だった。ひとりか複数の人間のものかわからないが、一度や二度の散髪で出る嵩ではない。気味が悪い。だが、豪胆なWさんは両手でそれを抱えると、トラックのほうに向かって歩いていった。そして助手席で眼を閉じて休んでいる暴走族上がりの顔のうえに、「おい、こんなもんあったぜ」といいながら、それをのせた。

「うわっなにするんスかッ、と吃驚しましてね。大笑いでしたよ。でもそれで余計に具合が悪くなったようで、その日はもう使い物になりませんでした」

その後は特に問題なく、作業を終えて帰宅した。持ち帰った掛け軸は、自宅の物置のなかに仕舞い込んだという。

翌日も同じ現場だったが、滞りなく作業を進め、無事家屋の解体を終わらせた。

その翌日。

新しい現場へ行くため、Wさんは購入したばかりの中型バイクに跨って、国道を走っていた。交差点で右折しようと一時停止したとき、突然エンストを起こした。慌ててキックペダルを踏むが、エンジンは掛からない。それにしても交差点の真ん中とは。そうこうするうちに信号が変わってしまった。気づいていないのか、すると、背後から轟音を響かせて一台のダンプカーが近づいてくる。スピードをぐんぐん上げながら交差点に入ってこようとしている。

――ああぁッ、危ない！

ギギギ、ギューンッ、と聞いたこともない音をさせながらダンプカーは停まった。バイクとの距離はわずか一メートルほどだった。ばかやろうッ、と怒声が聞こえたが、そのときの記憶はすべてが朧げだとWさんはいう。

その夜、自宅に帰ると交差点であった出来事を妻に話した。

「お墓参りに行かないからじゃない、と妻が唐突にそんなことをいうんです。それはまあ、たしかに行けてなかったんですけど。だからって、子孫にそんな仕打ちをする道理はありませんよね。そのとき、ふと思い出したんです。ああ、もしかして一昨日《おととい》のあれが関係してるんじゃないかって――」

民家の解体現場であったことをすべて妻に話してみた。しばらく頷きながら聞いていた妻の表情が俄《にわ》かに曇っていく。どうしたんだよ、と訊く彼を手で制しながら、

「なによ、掛け軸って。そんなの貰ってこないでよ、気持ち悪い。それって返すことはできないの？　そう、それと髪の毛といえば、あの子が今日いっていたんだけど――」

四歳の娘が、幼稚園の渡り廊下を偶々ひとりで歩こうとしていたときのこと。

その日は終日どんよりとした曇天で、昼間でも薄暗かった。なんだか怖いなと思ったとき、ぱっ、と電気が灯ったのだという。誰が点けてくれたのだろうと娘はスイッチのほうを見上げた。

「見たことのない、髪の毛がないひとが電気を点けてくれたっていうの。あの子いわく、つるっぱげのひとって。髪がないっていったら普通、男のひとだと思うじゃない。でもあの幼稚園、男の先生なんてひとりもいないのよ。保護者でもそんなひと見たことないし。おじちゃんおばちゃんどっちって訊いたら、どっちでもないって答えるの」

電気を点けてくれたとはいえ、なんだか気味が悪いので、念のため幼稚園に電話を掛け、そういう人物がいないか尋ねてみたが、そのような職員はいないし保護者にもいないはずだという。

「幼稚園の先生にも伝えたんだけど、あの子にも知らないひとがいたら気をつけなさいって、いっておいたわ。でも、あなたの話が関係しているとしたら、それはそれで気持ち悪いわね。まったく、あなたはろくなことしないんだから」

少し喧嘩のようになってしまい、話はそこで尻切れ蜻蛉になった。

眠る前に布団で横になりながら、妻がなにか思い出したように口を開いた。

「あなたのご先祖様って髪が薄いひといなかったわよね。ほら、遺影の写真が実家の欄間にずらっとあるじゃない。みんなふさふさ。うちのほうも知ってる通り、毛が濃いほうだし。ほら、お父さんもあの齢でしっかりあるから」

だからたぶんご先祖様ではないと思う、と妻。

髪のない人物がこの世の者でないとしたら、一体どうしたらいいのか。先祖の霊ならば、供養をするとか、なにかしら方法はありそうなものだが、もしそうでないとしたら。

すでにあの家は取り壊しているのだし、なかのものもすべて処分してしまっているのだ。あの『鶴女房』の掛け軸以外は――。

なにもしないのも落ち着かないので、次の休日、Wさんは一家で墓参りに出掛けた。結婚してからは初めてで、約十年ぶりだった。綺麗に墓を清め、三人で手を合わせる。彼は家族ができた報告をした。

また掛け軸の処分に困り、後日、無断で持ち帰ったことを依頼元の社長に正直に告げたところ、ははは、と笑い、それじゃ俺が預かっとくよ、といってくれたので引き渡したそうだ。それがよかったのか、その後、Wさん一家には特に変わったことは起きていないという。

「後から考えれば、なんであの掛け軸にあれほど惹かれたのか、全然わからないんですよね。あれを持ちだしたから変なことが起きたんだと思うんですよ。なんの因果があるのかわかりませんし、まあ知りたくもないですけどね」

そうWさんは語った。

置き土産

主婦のM恵さんの話である。

M恵さんが小学五年生の頃というから、今から三十年ほど前のことだという。

その日、学校から帰ったM恵さんは居間で炬燵《こたつ》に入っていた。還暦を迎えたばかりの祖父はM恵さんの向かいで、テレビの落語を見ながら声を出して笑っている。

——と、そのとき、玄関のほうから小さく、こんにちは、という声が聞こえた。

お客さんだと思い、つと立ち上がって玄関に向かうと、そこには自分と同じ歳くらいの女の子が立っていた。背中には赤いランドセルを背負っている。一瞬、友達のK子ちゃんかなと思った。しかし似ているが、なにかが違う。よく見ると、洋服がK子ちゃんの趣味とは随分かけ離れている。K子ちゃんはいつもボーイッシュな格好をしているが、その女の子は襟《えり》がレース仕立ての、胸元に可愛らしいリボンが付いたブラウスを着ていた。いかにも女の子然とした格好だ。

「なんの用事ですか」

訝りながらそう訊くと、女の子は今にも泣き出しそうな顔になり、俯いた。そして、「トイレを貸してください」と小さく呟いた。

それなら、とM恵さんは女の子を家に上げて、トイレまで案内した。居間の前を通るとき、テレビを見ていた祖父は「なんだ、お友達かい」といいながら首を伸ばした。

「ううん、なんかトイレ貸してほしいって――」

そう答えると、祖父は「ほうか」といい、再び落語の続きを見ながら笑っている。

トイレまで案内すると、M恵さんは居間に戻り、炬燵に足を入れて蜜柑を食べていた。

すると、いつまで経っても女の子が出てこない。おかしいなと思い、トイレに向かうと、こんこん、とドアを数回ノックしてみた。――が、返答がない。なかで具合でも悪くなっているのでは、と俄かに不安になった。大きな声で祖父を呼ぶ。

「なんだべ。ドアを開けてみんべえよ」

恐る恐るM恵さんがドアノブを廻すと、鍵は掛かっていない。そっとドアを開けて覗くと——。

誰も入っていなかった。

そんなはずはない。トイレを済ませた後に黙って帰ったにしても、必ず居間の前は通ることになる。女の子が出てくるのを意識して待っていたのだから、気づかないということはありえなかった。トイレのなかは換気扇があるだけで、子どもが出入りできるような窓もない。

「幻視や記憶違いといった可能性はありませんか。その女の子自体、存在していなかったというような——」

そう私が問いかけると、いいえ、とM恵さんは強くかぶりを振った。祖父も女の子の姿をはっきり見たといったそうだ。それに——。

便器の溜まり水になにか浮いていた。なんだろうと思ったら、

「なぜかピンクのカーネーションだったんですよ」

たった今焚いたばかりのような、強い線香の匂いも漂っていたという。

ほくろの男

旅行会社に勤めるBさんの話である。

Bさんの母方の実家である長野県北部の山間の村では、今から三十年ほど前までは土葬が普通であったそうだ。

彼が小学二年生のとき、祖父が老衰で亡くなり、先祖代々の墓地に埋葬されることになった。深く掘られた穴に棺が入れられ、各々スコップで土をかけていく。Bさんも同じように持たされ、棺に入った祖父の顔の辺りに土をかけていった。

と、そのとき、三十代前半ほどの男がBさんに近づいてきた。小鼻脇のほくろが目立つ、見たことのない顔だった。男はポケットから小さな木炭のようなものを取り出して、Bさんに見せた。

「ほら、祖母《ばあ》さまの骨さ。この穴掘ってるときに出てきただ」

眼の前のそれは、黒く土にまみれて所々苔《こけ》むしていた。

「こういうのはな、こうするといい」

手で簡単に土を払い、男はそれを口のなかに入れた。飴玉のようにそれをしゃぶる。

思わぬことに眼を疑った。それが異常な行為であるのは、子ども心にもわかった。

気味が悪くなり、その場から離れると、ひとりで母親の実家に逃げ帰った。

このことは長く誰にも話さなかったそうだが、十年ほど前、ふと思い出して両親に漏らすと、母親は怪訝な顔をして、

「お祖母ちゃんの骨って、そんなわけないわ。あんたはまだ子どもだったから死んだことにしていたけどね、あのひとは私を産んですぐに、近所の悪い男に唆されて駆け落ちしちまったんだ。だから、あのお墓には入ってないのよ」

生きているのか死んでいるのかも、わからないそうだ。では、男が口に入れたのは別のひとの骨だったのか。

祖父の墓は新しく掘った穴で、その際は母親も立ち会ったそうだが、古い骨などひと

欠片《かけら》も出てこなかったという。それに穴を掘ったのは親戚の男衆だけで、そんな男など、その場にはいなかったと母親は断言した。

しかし男の特徴をいうと、ひどく愕《おどろ》いた様子で、

「そういや、母ちゃんと駆け落ちした男も鼻の横に大きなほくろがあったなァ。キザないやらしい眼をした男だったわ」

だが、その男が生きていたら優に九十歳は越えているだろう、ということだった。

品名

宅配会社に勤めるHさんの話である。

二年前のある朝、出社早々に事務の女性がHさんのところに来て、

「もうとっくに来ていたのかと思ったわ。さっき配送車のなかで作業してたでしょう」

という。

そんなはずはないので、

「見間違いですよ。今来たばかりですから」

そう答えると、事務員は頻《しき》りに首を捻《ひね》っている。

車に残っていた昨日の未配達分と新しい荷を積んで配達に出たが、朝からそんなことをいわれたせいか、自分以外の何者かが車内にいるような感覚に捉われた。

荷台の小窓からじっと誰かに見つめられている気がし、慌ててバックミラーを見るが、特になにも映っていない。その日はなにか落ち着かず、普段は車のなかでコンビニ弁当を食べるのだが、珍しく食堂に入って昼飯を食べた。

夕方になって、昨日は不在だった客から連絡があり、家に向かった。荷を抱えて呼び鈴を鳴らす。すると、五十代後半ほどの女性が出てきて、荷の受け渡しをし、サインを貰った。その瞬間、肩の荷が下りたような、不思議に安堵した気分になった。

「最近多いみたいですけど、あれ、たぶんお骨なんですよ」

差出は他県の葬儀場からだったが、依頼人の名前が受取人と同じだったという。

遺骨の配達を正式に請け負う業者もあるが、うちのほうがいくらか料金が安価なので頼んだのではないか、とHさん。

「しかし、伝票の品名を雑貨とするのはどうなのかなと。もっとも、馬鹿正直に書かれても扱いに困りますけど——」

そうHさんは語る。

カメラマン

知人のS君から聞いた話である。

S君の幼馴染《おさななじみ》にTという男がおり、その彼がS君にどうしても見てもらいたいものがあるという。

Tは老舗和菓子屋の三代目だが、最近は店もすっかり閑古鳥《かんこどり》で、生計が立たないとのことだった。趣味であるカメラは、玄人《くろうと》はだしの腕前で、小部数ながら写真集を出すほどとあって、その特技を活かし、最近では近隣の中学や高校の旅行行事に付き添い、カメラマンのようなこともしているという。しかし、それでもなお生活は厳しいとTはいった。

昨年の九月、Tは中学校の修学旅行に付き添って、福井県の東尋坊に行ったそうだ。

彼自身も初めて訪れる名勝地とあって、随分期待していたそうだが、自殺の名所という噂も聞いていたので、なんとはなしに不安な気持ちもあったという。

着くとすぐに予定に沿って集合写真を撮影した。その後は、生徒たちがおっかなびっくり見学している様子や、三段岩や屏風岩などの奇岩や入り江をカメラに収めていく。仕事で来ている意識が強いのであまり景観は堪能できなかった、とTは語る。

修学旅行から戻り、すぐに写真をパソコンに取り込んでみた。

どんなふうに写っているだろう。するとそのうちの数枚に、どう考えてもおかしいものが写り込んでいる。それを拡大し、プリントアウトしてみたが、なぜそんなものが写っているのか、どうしても理解できないというのである。

それで超常現象に明るいS君にひとつ意見を求めたいというのだった。

「この集合写真なんだけどさ。二段目の右端の生徒の後ろになにか見えないか」

そういって手渡された写真を見ると、生徒の背後に、たしかになにかが写っている。よく見れば、それはなんと横を向いたTだった。つまり写真を撮っているはずのT自身が、写真に写り込んでいるのだ。もちろんセルフタイマーは使っていないという。

「あとこれも見て欲しい。この崖を撮った写真。断崖絶壁のぎりぎりのところに立って、真下を見つめているひとがいるんだけど——そう、首からカメラを提げたようなシルエットの。それも、なんか俺に似ていないか」

もう一枚渡された写真を見て、再び言葉を失った。もしそうであれば、これはT自身が撮影したTということになる。オカルトに詳しいS君でも、この現象を説明しうる言葉は持ち合わせていなかった。

「ドッペルゲンガーの一種のようだけれども、正直よくわからないな」

そういうと、Tは項垂《うなだ》れて帰っていった。

それから一週間ほど経った頃、Tの家族からS君に電話があり、Tが行方不明になったと知らされた。

なにも心当たりがないと、Tの母親は泣きながらそういうのだったが、なぜ彼は突然いなくなってしまったのか、またどこへ行ってしまったのか、S君はなんとなく知っている気がしてならなかったが、告げることはできなかったという。

常連客

都内で足ツボ専門のマッサージ店に勤務するR子さんの話である。

R子さんの勤める店は全国で二十店舗以上を展開している大手のマッサージ店である。業界の一般的な値段設定よりもひと回り高額なのだそうだが、その分、内装を豪華にし、備品や機材なども高級なものを使用しているという。女性客を中心に口コミで広まり、昼間の時間帯は有閑マダムたちで予約はほぼ埋まっているそうだ。

「メインの客層は主婦ですが、夕方からは男性の方も多いです。外回りの営業マンが帰社前にさぼって寄るパターンですね」

R子さんの常連客にAという男性がいた。Aは四十代中頃で、他の男性客同様、外回りの営業マンであるらしかった。しかし風貌はとても営業向きとは思えない。ひどい猫背で、陰気を身に纏《まと》ったような雰囲気だった。落ち窪《くぼ》んだ眼窩《がんか》に掛かっている厚いレンズの銀縁眼鏡と、そこから見える陰湿そうな眼差しが、男が神経質であろうことを物語っていた。躯《からだ》も異常なほど痩せている。

——気持ち悪い。

それがAの最初の印象だった。

R子さんを指名するようになったのは、あることがきっかけだったという。

男が初めて来店したとき担当したのは、C子という新人女性だった。C子が施術に入った途端、Aは突然大きな声で怒鳴《どな》った。

「おい、なんなんだこの店は。荒っぽくひとの足を触りやがって!」

静寂に包まれた空間に怒声が響き渡った。他の客も一斉にAのほうを見る。

「あン? なに見てんだよ、そこの糞ババア! てめえが足裏みてえな顔しやがって。おい、あんたはもういいからよ、店長だせよ、店長ッ」

店内に緊張が走る。単に変わった客ならたくさんいるが、ここまで粗暴なひとに接するのはR子さんも初めてのことだった。C子は愕いてしばらく固まっていたが、はッと顔を手で覆うと、裏の休憩室に隠れてしまった。

その日、店長は休みだった。R子さんは副店長を任せられていたので、店長が不在の日は、店長代理を務めなければならなかった。

すぐに男の元にR子さんは駆け寄った。しかし、この場をどんなふうに収めればいいのか、わからない。胸が高鳴った。

とりあえず店長が休みのことを伝え、代わりに私が施術しますがいかがでしょうか、とR子さんはいった。そういったことで腹が据わったのか、少し気持ちに落ち着きが出てきた。

品定めをするようにR子さんの全身をじろりと見る。中指で眼鏡のブリッジを二度三度、男は擦った。

「……ったく、しょうがねえな、わかったよ」

男の足元に座り、足に触れる。その瞬間、彼女はなるほどと思った。足指の股という股に水泡とひび割れができていて、それがふやけて皮膚が剥離している。潰れた水泡から滲《にじ》み出た膿《うみ》で足先はべとついていた。

足白癬《あしはくせん》——ひどい水虫だったのである。

おそらくC子は水虫の箇所をなんの配慮もなく触ってしまったのだろう。それで男を怒らせてしまったのに違いない。これまでにも水虫に罹患《りかん》した客を数多くR子さんは見てきた。それ自体はさして珍しいわけではない。しかし、ここまでひどくなっているケースは初めてだった。

水虫の箇所に触れないように、丹念にマッサージをしていく。男は眼を閉じているが、ムスッとした表情は微動だにしない。つぶさに客の表情を読み取りながら指圧の強さを変えていくのだが、無表情とあって、なんともやりにくい。

時間になり施術を終えると、なにごともなかったように金を払い、男は帰っていった。

それからだった。

週に二度から三度、Aは来店するようになった。毎回一番高額な九十分二万円のコースに入り、必ずR子さんを指名してくる。

「うちは、はっきりいって高い店なので、なんの仕事しているんだろうって、スタッフたちとよく話していました。ひと月にうちだけで十万円以上も使っていただいているわけですから。不思議と私にはなんのクレームもいってこないので、いいお客さんといえばいいお客さんでしたが」

水虫の症状はひどくなる一方だった。これほどの状態なら歩行もままならないはずなのに、とR子さんは思った。

「悪い気の流れは下半身のほうに回ってくると私たちは考えています。殆どのお客様は調子がすぐれないとか疲れが溜まって来店されます。そういった悪い気は移ってしまうんですね。施術者のほうに負担がきてしまうんですよ」

実際、辞めていくスタッフが多かった。体調を崩す者や全身に妙な吹き出物ができてしまう者、精神が不安定になってしまう者もいた。

「仕事を始めた当初は、私もやはり体調を崩しました。顔中にニキビもたくさんできて。でも、ある日コツを見つけたんです。躯をリセットしてあげるんですよ。徐霊とまでいうと大袈裟ですけど、仕事帰りに家の近所の小さな神社にお参りするんです。といっても、鳥居をくぐって頭を下げてくるだけですが。もう日課みたいなものですね」

そうしていたところ、客の健康状態が足を見るだけでわかるようになったという。むくみや外反母趾、躯の歪みはもちろんのこと、肌質や血色、色つやなどから、かなり高い確率で躯の悪くなっている場所を的中させることができるそうだ。R子さんいわく、オーラのようなものが見える、とのこと。

そんなある日の夜。

Aが来店し、九十分二万円のコースでR子さんを指名してきた。そのとき、彼女は別の客を施術中で、一時間は待たせるようだった。R子さんは肝を冷やした。また大声を出すのではないかと思ったからだ。しかし、そんな心配はよそに、待合室の椅子に男は俯いておとなしく座っている。やがてAの順番になった。店のショートパンツに穿き替えた姿を見て、彼女は愕いた。

露出した膝から下が真っ黒だった。一瞬、日焼けかと思ったが、よく見ると、青紫と黄色の層になった斑点が脛《すね》から脹脛《ふくらはぎ》、足の甲に至るまで隈なく浮き出ている。ひどい打ち身のようになっていた。

事故にでも遭ったのか。それともなにか暴行でも受けたのだろうか。でもなぜ足だけがこんなふうになっているのだろう。――が、それを訊くのは躊躇《ためら》われた。またいつ男がキレ出すか、わかったものではない。それに、いつものように自分にだけ見えている現象なのかもしれなかった。

普段と変わらないように、無言で足をマッサージしていく。なにか打ち身のようなものだとしたら、普通、足がこんな状態なら店に来ることなどありえない。どんなに触れても、Aは痛がる様子を見せなかった。それどころか、いつもは不機嫌そうな表情でマッサージを受けているのに、その日は、なんとも気持ちよさそうな顔をして、瞼《まぶた》を閉じている。足の変色は、やはりR子さんだけが見えている、なにかのようだった。

——こんな色になるほど悪い気を溜め込んで、このひと大丈夫かしら……。

いつにもまして、入念にマッサージを施した。やがて九十分が経ち、そろそろ終わろうとしたとき、R子さんは男の顔を見て言葉を失った。

眼にうっすらと涙を浮かべ、唇の端から涎《よだれ》を垂らしながら嗤《わら》っていたからだった。

その日のシフトは遅番だった。

最後の客だったAを送り出し、仕事を終えると夜の九時を廻っていた。店の前で同僚と別れ、R子さんは駅に向かう。

おなかがすいた。今晩の夕飯、どうしようかな。

そんなことを考えていた彼女の耳に駅のアナウンスが流れ込んできた。

人身事故。

つい今しがた駅のホームで事故があったという。そのため上下線とも遅れる見通しとのことだった。駅を歩くひとたちは一様に聞き耳を立てている。腕時計を指差しながら駅員に文句をいっている者もいた。

仕方なく、駅前のコンビニでメロンパンとミルクティーを買い、外のベンチで座って食べた。夕飯を愉しみにしていただけに、なんだか一食を無駄にした気がする。結局、自宅に着いたのは十一時過ぎだった。

その日以降、Aは店に来なくなったという。

紫煙

北関東に住む銀行員のN美さんの話である。

三年前のある日、買い物帰りに一息つこうと、N美さんは駅前のチェーン展開している喫茶店に入った。レジで注文し、アイスコーヒーを受け取って席を探すが、どこも埋まっている。すると、ふたり用ソファが二脚向かい合った四人掛け席に、若い女性がひとりで座っているのが見え、相席させてもらおうと傍に近寄った。

「ここに座ってもいいですか」

そう尋ねると、女は唇に煙草を押し当てたまま、眼も合わせず、無言で肯いた。

やはり迷惑だったかしらと思いながらも、他に席もなく、女の斜向かいの席に腰を下ろした。そして顔を上げた瞬間、N美さんは絶句した。つい今まで眼の前の席に座っていた、スパイラルパーマの細身の女が一瞬の間に姿を消してしまったからだ。時間にしたら、僅か一、二秒ほどしか経っていない。

他に移る席もなければ、歩いている者もいない。トイレにでも立ったのかと考えたが、それにしては席に荷物もないし、飲み物も灰皿も置かれていない。

女がいたのが気のせいでない証拠に、ローテーブルの周りには、うっすらと紫煙が漂っていた。しかし考えてみれば、店内は終日禁煙なのである。眼と鼻の先にいる店員がそれに気づかないはずがない。客はともかく、なぜ店の者は注意しなかったのか。

不可解な出来事ではあったが、その後はすっかりこの日のことをN美さんは忘れていたそうだ。

ところが――。

近所の主婦と道端で話しているとき、なにかがきっかけで先の喫茶店の話題になった。すると、主婦は古くからその店に通い詰めているとのことだった。そこで先日の話をしてみたところ、喫茶店が全席禁煙になる前、たしかにそんな風貌の若い女が毎日のようにソファ席に座り、ひっきりなしに煙草を吸っていたという。

時折、独り言を呟きながら、にたにた嗤《わら》っているかと思うと、テーブルに頭をついて肩を震わせ泣いていることもあり、常連客たちは露骨に気味悪がっていたという。

が、ある日を境に、女はまったく顔を見せなくなったそうである。

相撲中継

十年ほど前、会社員のYさんが相撲中継を観ていると、観客席に古い知人がいることに気がついた。高額な溜席に座っているが、それほどまでに相撲好きだったとは、これまで聞いたことがなかった。テレビに映っているのをわかっているのか、知人は取組もそっちのけに、カメラに向かって満面の笑みで手を振っている。

数日後、その知人にそのことを伝えようと久しぶりに電話を掛けた。すると知人の妻が出て、実は主人は二日前に亡くなったのだという。死因に関して、なぜか妻はいいたくなさそうだった。

二日前といえば、知人がテレビに映っていた日である。となると、相撲観戦をした後に亡くなったのだろうか。まさかその数時間後に自分が死んでしまうとは、露とも思っていなかっただろう。もっとも自殺であれば話は別だが、そんな心境にあるひとが呑気に相撲観戦などするだろうか。

なぜ彼は手を振っていたのだろう。自分が相撲中継を観ていることを知っていたのではないか。――いや、そんなことはありえない。

Yさんは相撲に強い関心はなく、なにげなく点けたテレビでやっていたに過ぎない。が、だいぶ後になって、あることに気づいたという。

知人が映っていたとき、ちょうど取組をして負けた力士の四股名《しこな》。普段あまり知ることのない、その下の名前が、知人とまったく同じだったではないか。

「偶然っちゃ偶然かもしれんがね。でも漢字もまったく同じだったからなァ。しかし、そんなことってあるもんかね」

奴がテレビに映っていたとき、本当はもう死んでいたのかもしれんな。どうにかしてそのことを俺に伝えたかったんやろか。しかし笑っていたのが気になるんやわ――。

そうYさんは語った。

バックパッカー

三十代の会社員T君の話である。

彼が大学二年生のときというから、今から十二年ほど前のことだという。

当時、T君は荷物ひとつを持って世界を旅する、いわゆるバックパッカーだった。

その頃、中東に興味を持っていた彼は、エジプトを新たな旅先に決めた。事前に宿泊先などを決めずに現地に入るのが、彼にとっての旅の醍醐味《だいごみ》だった。

洋服は着古したものを身に着け、殆ど無計画に成田を発つと、ドーハ経由でエジプト入りした。

泊まる場所は決めていないが、いくつか当てはある。以前知り合ったパッカー仲間から、格安の宿が何軒かあると聞いていたので、そこで落ち着こうと考えていた。

「経験からして、行き当たりばったりでも、大抵のことはなんとかなりますから」

早朝にカイロの市街地に着いたT君は、タハリール広場の地下鉄サダト駅からメトロに乗った。宿を探す前にピラミッドやスフィンクスなどを見ておこうと思ったのである。

六駅先のギザ駅で降りる。

ピラミッドまでは多少距離があるので、タクシーに乗りこんだ。が、少し手前で降ろされ、ラクダに乗るように指示された。どうせ結託しているに違いないが、まあそれもいいだろうと料金を支払い、いわれるままにラクダに跨《また》がった。

「かなり揺れるので、乗り心地は良くないですよ。においも思ったよりきつくて。外国にいるなあって、妙な感慨はありましたけど」

チケットを購入し、ギザの三大ピラミッドを眼の前にする。

風化は進んでいるが、間近で見ると、そのスケールに圧倒された。想像以上の大きさである。見上げると殆ど絶壁のようだった。

辺りは観光客で賑わっている。

クフ王のピラミッドは一日百五十人限定で内部見学できるが、運よくT君は入場することができた。

盗掘口から、細い通路を登っていく。湿度が高く、額や首にじんわりと汗が滲む。頼りない灯りが点いているだけで、足元が覚束《おぼつか》ない。バックパックから懐中電灯を取り出し、前を照らしながら進んでいく。

王の間の付近を歩いているときだった。

ひとりの日本人らしき男性が、T君の少し前を歩いていることに気がついた。自分と同じ歳ぐらいの若者である。彫りの浅い顔立ちやちょっとした仕種からして、日本人に間違いない。

首に長いタオルを掛け、所々綻《ゆる》んだ鼠色《なずみいろ》のバックパックを背負っている。六十リットルは入りそうな大型のものだ。長髪をオールバックにして後ろで束ねている。背は日本人として平均的だが、いやに痩せこけていた。背中と腹が殆どくっつきそうなほどである。

ミイラが立ち上がって、歩いている……。

ふと、そんなイメージが頭に浮かび、思わず苦笑する。

ひとり旅なのだろうか。タイミングを見て話しかけてみよう——。

そう思いながら、王妃の間に向かって歩いていく。

すると、今まで前にいたはずの若者の姿が急に見えなくなった。

「どこへ行ったんだろうと不思議でしたが、ずっと前のほうに行ってしまったのかと、そのときは思ったんです」

その後、メンカウラー王とカフラー王のピラミッドを見て回り、最後にスフィンクスを見学した。

そこにも先ほどの若者の姿はなかった。周囲は中国人の団体客と欧米人の老夫婦やカップル客がいるだけだった。


カイロ市街地に戻ると、宿を探すことにした。

数軒のゲストハウスの所在地は把握していたので、片端から当たっていく。

学生の貧乏旅行である。その日も朝からタクシーやラクダなどで散財していたので、できるだけ安くあげねばならない。

一軒目の宿は清潔だったが、宿泊料金が予算よりも高く、断念した。二軒目は日本人宿で、古びた雑居ビルのなかにあった。

いつごろ建てられたのかもわからない、手入れもなにもされていないような建物である。T君はすぐにここにしようと思った。こういう汚い宿ほど刺激があるものだ。部屋はドミトリー（相部屋）なので、料金も安い。

他の宿泊客はやはり同じくらいの年代の者が多く、すぐに打ち解けあった。なかにはもう三年ほどこの宿に住んでいる者もいて、この宿に「沈没」しているのだと、自分のことを語った。

「しかし、いろんなひとがいるなあと。それもまた、こういう旅の面白いところですけどね」

シェア飯はカレーライスだった。エジプト国内や近隣諸国の様々なことを話しながら食事をとる。愉しいひとときである。

空腹が満たされたT君は眠くなり、ひと足早くベッドに潜った。

どれくらい経った頃だろうか。ふと、眠りから覚めた。

なにかひどく厭な夢を見た気がするが、どんな夢だったか覚えていない。躯中《からだじゅう》が汗ばんで不快だった。

寝室の電灯は落ちていたが、壁の間接照明だけ点いている。少しの灯りを頼りに部屋を見回してみると、六台あるベッドはすべて埋まっていて、すでに皆寝ているようだった。

何時だろうと腕時計を見ようとした、そのとき――。

ぞくり、と背筋が寒くなった。と同時に、躯がまったく動かないことに気づく。上半身を起こそうとするが、縄で幾重にも縛られたように身動きがとれない。瞼《まぶた》だけはかろうじて開けることができた。

「金縛りって初めてだったんです。あッこれがそうなのか、なんて意外と冷静で。でも、次の瞬間――」

ぎょっ、とした。

ベッドサイドの足元に誰かが立っている。首を項垂れて、じいっとT君を見下ろしている。

自分が寝た後に来た宿泊客なのか。そんなふうにも考えたが、どうにも様子がおかしい。暗闇に慣れてきた眼でよく見てみると、それは男で、長髪を後ろで束ね、首には長いタオルを掛けている。異様なほどの痩躯で、背中には大きなバックパック。ピラミッドのなかで見かけた日本人の若者ではないか。昼間と同じ格好である。

するとそのときだった。

つう、と床を滑るように男は移動し、T君の顔のすぐ横へ立った。

ほんの一瞬の出来事である。その尋常ならざる動きに、思わず躯が弓のように反った。

そして男は項垂れた頭を、ぐうっとひと際、T君の顔に近づけた。

「い　け　ば　わ　か　る　さ」

性能の悪いスピーカーから発せられたような、ノイズばしった声だった。が、判然と男の声はそう聞こえた。同時に、腐った玉ねぎのような強烈なにおいがT君の鼻腔を襲う。

気を失ったようにT君は再び眠りに落ちていた。

翌朝。

目覚めると、枕元が汚れている。少量だが嘔吐しているようだった。

「よく詰まらせないで済んだものです。異国の地でそんな死に方だけはしたくありませんよ。前の晩の男のことは夢かもしれないので、誰にもいいませんでしたけど――」

その日は予定がなかったので、宿にある情報ノートを読むことにした。

情報ノートとは、宿泊客が思い思いにその土地のインフォメーションを記したものである。旅や宿などの個人的な雑感が綴られていたりもする。

特に知りたい情報があるわけではないが、ただ読んでいるだけでも面白かった。ノートは数十冊あり、日付を見ると、十年ほど前のものまで置いてある。

何の気なしに手に取った一冊をT君は読み始めた。日付を見ると、二年ほど前のものである。エジプトでこんな盗難に遭った、とか、どこどこの地域は危険で、過去に邦人が殺害された、などといったことが事細かに書かれている。

中頃まで読み進めていたときだった。明らかにそれまでとは違う筆跡の文章に、眼が釘づけになった。

『さて、これよりエルサレム、そしてバグダッドへ。中東は本当に親日家が多い。そのことは身をもって知っている。とはいえ、危険なことも多々ある。先日もギザで危うく身ぐるみ剥がされそうになった。たまたま助かったが。思い出すだに恐ろしい。ここは外国。なにが起こるか常に予測不能だ。十二分に注意しないと。しかし、なぜ俺はこの地にこれほど惹きつけられるのだろう……。』

そう書かれた後に、更にこのように続いていた。

『この道を行けばどうなるものか。危ぶむなかれ、危ぶめば道はなし。踏み出せばその一足が道となり、その一足が道となる。迷わずゆけよ、行けばわかるさ。』

ぞくっとした。

――いけばわかるさ

昨晩、枕元で囁かれた言葉と同じだったからだ。

「後半部分のこれ、プロレスラーのアントニオ猪木が引退試合でいった言葉だってご存知ですか。元々は、なにかの引用らしいですが。ええ、一時期流行った有名な台詞です。これを書いたひとは、きっとプロレスファンだったのかなと思ったんです」

自分が寝た後に宿泊客があったか、T君はヌシに訊いてみた。しかし、そんな客はなかったという。では、あれはなんだったのか。

夜中に自分のベッドサイドに立っていた男のことをヌシに話してみた。昼間その男をピラミッドでも見かけたこと、それに、情報ノートに書かれた内容――。

するとと、ヌシの顔色が急に険しくなった。

「君もかよ、というんです。時折、そんなことをいう宿泊客がいると。毎日その部屋で寝起きしているというのに、ヌシは一度もその男を見たことがないらしいんです。なにかの勘違いだろうと、今までは軽く受け止めていたようですが――」

情報ノートを見せると、ヌシはしばらく食い入るように読んでいた。ノートにある日付の頃、たしかにそういう風貌の男がいた、と思い出すようにヌシはいった。

その男は三日ほど宿泊したそうだが、特に話した記憶はないという。強い印象はないが、その異常なほどの痩躯というので覚えていたらしい。

男は知らぬ間に宿を去っていたそうである。

土饅頭

仏教系の大学に進学したことで、自然と周りには寺を実家にもつ者が多かった。

私自身は一般家庭の出身で、仏教とは関係のない学部だったが、仲良くなるのは、そういった未来の僧侶たちばかりだった。そのうちのひとりであるB君から聞いた話である。

東北にあるB君の実家の寺は、小さいながらも古刹《こさつ》として知られ、檀家《だんか》も多く、経営としてはうまくいっているとのことだった。

幼い頃から墓のある景色を見ながら育った彼は、多くの者がどこか畏怖《いふ》してしまう墓というものに、親しみは覚えても、畏れのようなものは感じたことがないそうである。

そういう点では、何代も続く僧侶としての資質をよく受け継いでいるものだと感心したものだ。

そんな彼がたった一度だけ、小学校の低学年の頃に不思議な体験をしたという。

毎年、彼岸や盆時期になると墓参で一気に寺は活気づく。

その年の盆も、それぞれの墓に花や果物などが置かれ、いつもは寂しく感じられる黒と灰色だけの風景が、ほんの数日間だけは、供え物で色とりどりに飾られた。濡れた墓石は強い西陽を受けて、きらきらと黄金色に輝いた。

「そんな墓参後の風景を見るのが、なによりも好きだったんだ」とB君はいう。

墓地の片隅に、土を盛ったうえにまるい石を置いただけの古い粗末な墓があった。墓参で賑わう墓地のなかで、忘れられたようにひっそりしている。そこは誰も参らないので常に供え物がないため、幼心にも彼は不憫に感じた。他の墓のものを取ってきて、その前にそっと置き、手を合わせた。

翌朝目覚めると、墓地のなかを散歩した。その時期の彼の日課だった。

うっすら漂っている線香の残り香や花の匂いがなんとも芳しかった。生まれたときから慣れ親しんだ香りだ。殆どの墓には食べ物が幾つも置かれ、花が供えられている。

昨日の墓の前に来たときだった。

思わず、彼は眼を疑った。粗末な墓の前に置いた果物はぐずぐずに崩れ、黒く変色し、腐臭を放っている。大きな銀蠅《ぎんばえ》がぶんぶんと音を立てながら、何匹もその周りを飛び交っていた。花も皺々に萎れ、すっかり枯れ果てている。

たった半日あまりで、こんなふうになってしまうものだろうか。他の墓を見ると、今さっき供えられたかのように花も果物も瑞々《みずみず》しいままだった。

「それ以来やめたんだよ。その墓に供え物をするのは——」

その話をしてくれた一ヶ月後、なぜか急にB君は大学を辞めてしまった。

現在、彼が実家の寺を継いでいるのかどうか、私は知らない。

剃刀

千葉県に住む会社員Wさんの話である。

Wさんが中学三年生の頃のことだという。

それまで住んでいた社宅を引き払い、家族で隣接した市に引っ越すことになった。父親がつてを頼って、大きめの中古住宅を見つけてきたのだった。

築七年ほどの、いわゆる築浅の物件で、特に破格だったわけではないそうだ。

Wさんは三人兄弟の真ん中だった。子どもたちの成長にともない、住んでいた社宅は手狭になっていた。そのせいだろうか、幼い頃から兄弟喧嘩が絶えなかった。障子や襖《ふすま》は穴だらけ、ガラスを割ってしまったこともある。それを見かねた父が、家の購入を決意したのだった。

「家が狭いって、子どもには凄くストレスなんですよね。引っ越して、ひとり一部屋与えられた途端、喧嘩なんてしなくなりましたから」

引っ越しを終え、一週間ほど経ったある日の朝。

歯を磨こうとWさんは洗面台の前に立った。歯ブラシを咥《くわ》えた自分の顔を見つめる。寝癖を抜きにしても、冴えない顔である。これでは女子にモテるわけがない。

神妙な面持ちで眺めていると、顎から首にかけて髭がうっすら生えている。見ているうちに、それがひどく不潔に思えてきた。思春期真っ盛りとあって、彼もご多分に漏れず、同じクラスの女子生徒に恋をしていたのである。

シェービングフォームが見当たらず、仕方なく石鹸を泡立てて顎《あご》に塗る。

洗面台の引き出しのなかに折りたたみ式の剃刀《かみそり》があった。柄が木目でできており、見た目に高級そうである。それを手にすると、刃を引き出して顎に当てた。慣れていないので手が少し震える。思い切って、じょりっ、と顎ひげを剃った――つもりだった。

あっ、と思ったときには遅かった。鏡に映った顔を見るなり、彼は愕然とした。

顎ではなかった。剃ったのはあろうことか、左の眉毛だった。

しかし、なぜだ。顎に刃を当てたつもりなのに、どうして眉毛を剃ってしまったのか。鏡を見ると顎はまったく剃れていない。石鹸の泡が付いたままである。左眉が半分だけ薄くなった間抜けな顔を、彼は不思議な気持ちで眺めていた。

「三ヶ月ぐらい、母親の眉墨《まゆずみ》を拝借してなんとか凌《しの》ぎました。あれって上手く描くの難しいんですよね。近くに寄られると、バレてしまうんじゃないかとひやひやで――」

それ以来、なんだか髭を剃るのが億劫になってしまった。違う剃刀でも再び同じことをしてしまう気がしたからである。――が、話はそれでは終わらない。

Wさんが眉を剃ってしまった日から二週間ほど経ったある日の朝のこと。

家族で朝食を食べていると、高校生の兄がダイニングルームにふらりと入ってきた。朝からシャワーを浴びたのか、首にタオルを掛けている。家族はその顔を見て一驚した。

眉毛がない。

しかも両眉である。深く剃ってしまったのか、皮膚が薄くこそげ落とされたようになっている。そういう柄だと思っていたが、よく見ればタオルは鮮血に染まっているのだった。

兄はぼうっとしてひとことも喋らず、朝食も口にしないまま自室のある二階に上っていった。母親は心配して階段の下から兄の名を何度も呼んだが、部屋に入ったきり出てこなかった。

きっと同じ剃刀を使ったのだろうと、Wさんは洗面台から件の剃刀を持ってきて両親に見せた。誰のものかと尋ねると、ふたりとも心当たりがないという。

見せてみろ、というので手渡すと、しばらく眺めてから、

「こいつはいい剃刀だな。だが、かなり古い。ほら、刃なんてこんなにこぼれちまってる。おそらく前の住人が置いていったんだろう」

そう父はいった。

「兄貴は中堅の進学校に通っていて、成績もそれほど悪くはなかったんです。卒業したら大学へ行くものとばかり思っていましたが――」

突然、高校を中退した。高校三年の秋に、である。母親は泣き、父親はひどく怒ったそうだが、兄は腑抜《ふぬ》けたように嗤っているだけだった。

「それ以来、家族とは滅多に口を利かなくなりました。まさか眉毛が失くなったせいではないと思いますけど、地元の悪い連中と遊ぶようになってしまって。それまでなんの関わり合いもなかったようなひとたちですよ。兄貴は今頃一体なにしてんのか――」

この十五年、音信不通だそうである。

剃刀は今でも実家の洗面台のどこかにあるはずだと、Wさんはいう。

庭石

石材店に勤めるBさんの話である。

七年前の夏のこと。

ある老夫婦から発注を受け、庭石をいくつか依頼主の元へ持っていくと、庭の要《かなめ》となる肝心な日野竜岩《ひのりゅうがん》がトラックの荷台に見当たらない。記憶ではたしかに載せたはずとあって、なぜだろうと首を捻った。

慌てて店に戻ったが、やはり石はどこにもない。

考えられるのは、移動の途中で落としてしまったことだが、高さ一五〇センチ、幅一二〇センチほどもある巨大な不等辺三角形状の岩である。そもそも落下したら気づくはずだし、ただごとではすまないだろう。

再び依頼主の元に向かう道中も、まさかと思いながらも探しつつトラックを走らせたが、石はどこにも落ちていない。騒ぎになっているような様子もなかった。

しかし――。

再度、現場に着いたBさんは、庭を見るなり言葉を失った。

忽然《こつぜん》と消失した日野竜岩が、庭の真ん中に置かれていたからである。しかも奇妙だったのは、まるでどこか高いところから落とされたように、三角形の一番鋭角な部分が地面に深々と突き刺さっていたことだった。

当初の予定と置き方は違ったが、「これはこれで面白い」と依頼主のご主人がいうので、そのままにしたそうだ。

ところが、それからまもなく、その家の妻がくも膜下出血を発症し急逝、ほどなくご主人も末期がんを患っていることがわかり、後を追うように亡くなってしまったという。僅か一年半ほどの間の出来事である。

住む者がいなくなった家は、売られも壊されもせず、現在もそのままになっている。遠方に住む息子が管理しているそうだが、帰ってきている様子はなく、庭は荒れ放題だという。

先日、Bさんは家の前を通る機会があった。

「庭を覗いたら、例の庭石が墓標みたいに見えたんだよね」

大庭園でもないかぎり、自然石なんていうのは立たせるべきではないんだよ。まあ、あれは意図的に立たせたわけやないけどな——。

苦笑しながら、Bさんはそう語った。

相槌

五十代の女性K子さんから聞いた話である。

四年前に乳がんを患い、入院したときのことだという。

五月雨《さみだれ》の続く、ある日のこと。

ベッドのうえにいると気が滅入《めい》ってくるので、気分転換に売店へ行き、日用品を買った後、少し院内を散歩して病室に戻った。

部屋は四人部屋で、K子さんは入ってすぐの左側だった。閉め切ってあるカーテンを開けると、自分のベッドに誰かが寝ている。

部屋を間違えたと思い、慌てて入り口のプレートを見るが、たしかに自分の名前が書いてある。勘違いしているのは私ではない。

再びカーテンの隙間から覗いてみると、こちらに背を向けた姿勢で躯に布団を掛けている。後ろ向きの頭部だけが見えるが、鮮やかな白髪である。お年寄りだろうか。

文句をいおうと思ったが、狭い入院病棟とあって、どこかで顔を合わすこともあるだろう。

看護師に頼んでみようと、急いでナースステーションへ向かった。

「白髪の女のひとが私のベッドに寝ているんだけど――」

そう告げると、女性看護師は眉根を寄せて、小首を傾げながら答えた。

「わかりました。とにかく今、一緒に行ってみますね」

ふたりで部屋に戻ると、看護師が一気にカーテンを開けた。すると――。

ベッドには誰もいない。

買い物に出る前に自分がそうしたように、掛け布団は足元に畳まれている。

「誰もいませんよ。見間違えではありませんか」

そう問われたが、この眼ではっきりと見たのだし、確認までしたのだ。

「おかしいわ、そんなはずないいんだけど。たしかにここで寝ていたのよ。白髪の、たぶん高齢の方だと思うんだけど」

そう話していると、K子さんのベッドの左側のカーテンが開き、F江さんという同じ病気で入院している患者が、あなたなにいってるのよ、という。

「K子さん、あなた部屋にいたじゃないの。だって、カーテン越しに私たちずっとお話していたでしょう。明日の検査のこととか、一緒に頑張りましょうね、とか。まあ、一方的に私が喋っているだけで、あなたは、ええ、とか、そうね、とか相槌《あいづち》ばかりだったけど」

そういわれても、自分の手は買い物袋を持っている。外出していたのが事実なのだ。

ここで「いた」「いない」とやっていても埒《らち》が明かないので、看護師には目配せで礼を伝え、F江さんには、

「ええ、そうよね、そうだったわ。ごめんなさいね」

そういって、うやむやに終わらせた。

その日の夕方、昼間の看護師が再びやってきて、頼んでもいないのに違うベッドに交換してくれたという。

その後、隣のF江さんは、ほどなく亡くなってしまったが、K子さんは無事に平癒し、退院したとのことである。

枕

六十代の主婦Sさんの話である。

五年前、信州白馬の旅館にひとりで泊まったときのことだという。

旅の疲れで夕食後すぐに眠くなり、布団でうつらうつらしていると、どこからか声が聞こえてくる。部屋の外で誰かが喋っているのかと思ったが、どうもそうではないようだった。階下から聞こえてくるようにも感じたが、部屋は一階とあって、そんなはずはない。もっとも従業員しか出入りできない地下倉庫があって、そこで話しているのかもしれない。

最初のうちは、ぼそぼそと男性が喋っているようだったが、耳を澄ませているうちに読経のようなものを詠じているのだとわかった。それはひとりではなく、幾人もの低い男性の声で、次第に唄っているような独特の節回しになった。

——あッ、これって。

以前、Sさんは仏教音楽のコンサートに呼ばれたことがあり、そのとき耳にしたものによく似ていると思った。最初のうちは少し気味悪く感じたが、ラマ僧だろうか、男性僧侶たちの厳《おごそ》かな合唱は、聴いているうちにSさんをゆったりとした気持ちにさせた。

これはたしかチベット密教のマントラよね。——ええ、そうよ、そうに違いない。

しかし、声は階下から聞こえてくるのではない。どうやら枕のなかから聞こえるようだった。スピーカーが内蔵されているのだろうか。しかし、そんな枕など聞いたことがないし、仮にあったとしても、客に内緒でそんなものを置いていたらクレームになりそうなものだ。

が、Sさんはそのコーラスが嫌いではなかった。むしろずっと聴いていたいようにさえ感じる。耳をそばだてながら頭を枕にのせているうちに、知らず深いまどろみのなかに落ちていた。

翌朝目覚め、朝風呂に向かうため身支度をしていると、ふと違和感を覚えた。

　昨夜、就寝前に躯の至るところに貼った小さな円形の湿布薬が、どうしたわけか、ひとつも肌に付いていない。眠っている間に自然に取れてしまったのか、あるいは自分が無意識のうちに剥がしてしまったのだろうか。しかし十枚は貼り付けたはずで、それがすべて取れてしまうことなどありえるだろうか。

　敷布団のうえにも落ちていないし、念のため屑かごのなかまで覗いてみたが、一枚も入っていない。一体どこへいってしまったのだろうと思った瞬間、Ｓさんは壁を見て、絶句した。

　剥がれた湿布薬は、壁の下から上に向けて一枚ずつ等間隔に貼られている。それはＳさんが寝ていた場所の、ちょうど真上の天井板にまで続いていたという。

プレゼント

知人のT子さんの話である。

彼女が高校生の頃というから、今から二十年ほど前のことだという。

学園祭の実行委員を務めていたT子さんはその日、夜の八時近くまで学校で作業をしていた。顧問の先生に帰りを促されたので、残った作業は翌日に持ち越すことにした。

「実行委員云々よりも、単に友人たちと夜の学校にいるのが楽しかったんですよね」

自宅が同じ方向のY美さんと一緒に自転車を押しながら校門を出る。

違うクラスで今まで一度も話したことのないふたりだったが、夜という特異さも手伝ってか、進学のことやお互いの恋愛の話に花が咲いた。お腹が空いていたので、コンビニで菓子パンを買い、ともに食べながら自転車を押した。

「一週間後が私の彼氏の誕生日だったんです。バイトでお金を貯めてプレゼントにグッチの財布を買ったんだ、とか話したりして――」

一級河川に架かる橋を渡ると、ふたりは別れた。Y美さんの家はそこからすぐだったが、T子さんの自宅はS字の林道を抜けた二キロほど先にあった。

外灯は思い出したような間隔でぽつりぽつりとあるばかり。鬱蒼《うっそう》とした木々に覆われ、ただでさえ暗い夜道を一層色濃くしていた。

幼い頃から通り慣れているとはいえ、T子さんはこの林道が好きではなかった。なぜかといえば、S字の最初のカーブのところに、数基の古い墓があるからだった。夏の盛りの昼間でも、なにかじめっとした感じがあり、気味が悪かった。

その夜も、立ち漕ぎで一気に駆け抜けようとした。――と、そのとき。

木々の間から僅かに見える夜空に、オレンジ色の小さなまるい光が浮かんでいるのに気づいた。

今日は満月だったかしら、とそう思ったが、もしそうであれば、Y美さんとその話になってもおかしくなかったのに、と感じる。すると――。

ぶよぶよと光が蠢動《ぜんどう》を始めた。思わず自転車を停め、しばらく眺める。

「それが膨《ふく》らんだり縮んだりしはじめたんです。まるで心臓みたいに。そうしたら――」

突然、消えた。と思った次の瞬間、T子さんの頭上、僅か二メートルほどのところに再び現れ、ゆらゆらゆら、と細かく動いている。

先ほどは眩《まばゆ》いばかりの明るさに見えていたが、近くで見るとそうでもない。

一体なんだろう、これは。ひょっとして、火の玉ってやつかな――。

「林道の途中から記憶がないんです。気づくと自宅で食卓に座っていました。どうやって帰ったとか、まったく憶えていないんですよ」

我に返ると、眼の前にはすき焼きの鍋がいい匂いでぐつぐつと煮えている。

「ぼんやりしていないで、早く食べなさい」

母の声がした。唖然としたT子さんだったが、流れているテレビドラマを見て、あれっ、と思った。

――これ、最近見たけど。それにこのドラマ、夜の七時からじゃなかったっけ。

八時まで学校にいたのである。食事を放り出して、新聞を手にとった。慌てて日付に眼をやる。

絶句した。三日前の日付だった。

すぐに家族にたしかめる。すると、お前なにいってんだ、と父親はいう。T子さんはすっかり混乱してしまった。

翌日。学校に行くと、すでに習ったことを教師は板書し、生徒たちはそれをノートに書き写している。自分のノートを見ると、一字一句違わないことが書かれていた。

すべてに既視感がある。

あらゆることが三日前に戻っていることにT子さんは思い至った。

「その日、彼氏に会ったんです。変なふうに思われたくなかったので、光のことなどは一切話しませんでした。そうしたら彼氏がいうんです。プレゼントは前にあの店で見たグッチの財布でいいよって。もう買ってしまっていましたが、そのことはいいませんでした。うんわかった、とそれだけ――」

自宅に帰って、プレゼントを入れてある机の引き出しを開けてみる。すると、なにも入っていない。

「えっ、なんでないの」

T子さんは慌てた。どういうことだろう。三日前に戻ってしまったことで、買っていないことになっているのだろうか。しかし、買ったのはたしか五日前である。

「通帳を見たら、バイト代を引き出した形跡がないんです。仕方なくもう一度買いに行くことにしました」

翌日、実行委員の仕事を中抜けすると、電車に乗って、ブランドリサイクル店に向かった。

店頭のショーウィンドーにグッチの財布はあった。

彼氏が欲しがっていた、とっくに自分が買ったはずのものである。販売価格も一緒だった。

お金を支払い、プレゼント包装をしてもらう。それも記憶にある同じラッピングである。

自宅に帰ると机の引き出しにプレゼントを仕舞い込んだ。意味があるのかわからないが、鍵を掛けることにした。

無事に学園祭も終わり、数日後に彼氏の誕生日を迎えた。

その朝のことである。

放課後に彼氏と会う約束をしていたので、プレゼントを忘れないように鞄へ入れておこうと、机の引き出しを開けた。可愛らしい赤いリボンが掛かった小箱が入っている。よかった……。

あって当たり前なのだが、先日の件があるので、妙にホッとした。小箱を鞄の内ポケットに収める。

「その後シャワーを浴びて、着替えをしようとクローゼットを開けたら――」

一番うえの棚に、赤いリボンが掛かった小箱が置いてある。

――えっ、これって。

急いで鞄のなかを見た。ちゃんと入っている。包装紙もリボンの掛け方もまったく同じものが、鞄の内ポケットに収められている。

やはり前にも買っていたのだ。考えてみると、引き出しからクローゼットの棚に入れ替えた記憶がうっすらとあった。

ということは、似たものをふたつ購入してしまったということか。一点ものだからお早めに、なんて店員さんはいっていたけど——。

一度開封したら元に戻すのは難しそうだったが、両方ともラッピングを開けてみることにした。

すると、どうだろう。ふたつの財布はどう見ても同じものだった。なんらの違いも見出すことができない。ブランドやシリーズが同じという話ではない。使用感や微細な小傷、小銭入れ部分の汚れに至るまで、なにもかもが一緒だった。

——同じものがふたつ存在しているってこと？

仕方なく、そのうちの片方を下手なりにラッピングし直して、デートに向かった。

「残ったほうは、買ったのと別のリサイクルショップへ持っていったと思います。元々彼氏へのプレゼントだったし、私の趣味ではなかったから」

プレゼントされた財布を彼氏は喜んで使っていたが、結局、その半年後にはつまらないことで喧嘩をし、ふたりは別れてしまったそうだ。

また、光を見た夜、あれだけ話に花が咲いたY美さんとは、ひと言も喋ることがないまま卒業式を迎えたという。

あいず

七十代の女性、S子さんの話である。

昭和十七年のこと。

そのときS子さんは三歳だったという。これは後に母から聞いたことだそうである。

小学一年生だったS子さんの姉が、その年の冬、風邪をこじらせて重い肺炎に罹《かか》ってしまった。評判が良い医者の噂を聞けば、すぐに連れていくなどしたが、病状は悪化していく一方だった。

「幼いながらにも、姉は死というものを意識したのですかね」

蒲団の脇で両親が見守るなか、しにたくないよ、と姉は掠《かす》れた声で、そういった。

と、そのとき――。

囲炉裏《いろり》の自在鍵を吊っている太縄が、突然、ブツンッ、と音を立てて切れた。鍋が落ち、なかに入っていた汁が囲炉裏の灰にぶちまけられた。

「ふたりして、はッ、と顔を見合わせたそうです。母はすぐに察したのか、いやややあ、いやややあ、と気が違ったようになったそうで。それからすぐに姉は息を引き取りました」

姉の部屋に作文帳が一冊残されていた。

小学一年生とは思えない美しい文字で、年始に家族で参拝した初詣の様子が綿々と綴られていた。そして、最後の余白部分に、

「おとうさんおかあさん。わたしはもうだめとおもいます。もしわたしがしんでしまってもかたをおとさずにかなしまないでください。どうかわたしのぶんまでチイちゃん（S子さんの幼い頃の呼称）をかわいがってあげてください。それとチイちゃん。おとうさんとおかあさんのいうことをよくききよくたべげんきにおおきくなってください。おとさいごにわたしがてんごくへいくときには、どんなほうほうかまだわかりませんがとにかくあいずをおくります」

そう書かれていたという。

膝掛け

警備会社に勤めるTさんの話である。

十年前の初夏の、ある日のこと。

事務所で溜まっていた書類仕事をしていると、バチーンッ、という大きな音が屋外から聞こえた。普段あまり耳にしない音なので、なにごとだろうとTさんは外に出てみた。

事務所のすぐ眼の前には国道が走っている。見る限り、交通事故などが起きた様子はない。もっとも、そんな音ではなかったのだ。首を傾げながら事務所に戻ろうとした、そのとき。

隣接したマンションとの間の敷地に、マネキン人形のようなものが横たわっている。

いや、違う。マネキンではなく人間、それも女性のようだった。それがコンクリートの地面のうえでうつ伏せになっている。

足元を見ると裸足《はだし》のようだった。不審に思いながら二、三歩近づいた、その刹那、ひいッ、と知らず声が漏れた。

すでに事切れているのが、ひと目でわかった。

手足は出鱈目《でたらめ》な方向に投げ出されたようになっている。顔は左側をうえにした状態だが、髪の毛で隠れてしまっているので相貌はよくわからない。髪の間から僅かに見えている瞳は力なく見開かれている。頭部に大きな損傷があるようで、脳漿《のうしょう》と思われるものが辺りに飛び散っていた。

――すわ、飛び降りか！

悪夢のようだった。とても正視に耐えない。眼を背ける間もなく、血溜まりは地面に拡がっていく。

なにごとかと他の社員たちも事務所から出てきたが、地面に横たわっているものを見るなり、皆絶句した。泣き出す女性社員もいる。そのうち騒ぎを聞きつけた隣のマンションの住人も集まってきて、大騒ぎになった。

野次馬のなかの誰かが、マンションの六階に住んでいるF子さんではないか、といった。横たわる女性の躯《からだ》は、殆ど下着のようなキャミソール一枚にスウェットのショートパンツという薄着で、肌も露《あら》わになっている。

いたたまれなくなり、Tさんは事務所に駆け戻ると、自分のロッカーに保管していた冬期用の毛糸の膝掛けを持ってきて、女性の遺体のうえに掛けた。

寸足らずで全身を覆うことはできなかったが、少しでも隠してあげたかった。亡くなっているとはいえ、衆人の眼にあらぬ姿を晒《さら》すのは、この女性にとっても本意ではないだろう。そう思ったそうだ。

ほどなく警察と救急隊員が来て、女性は運ばれていったが、隣のマンションに住むF子さんで間違いないことが後にわかったという。

その数ヶ月後のこと。

事務所にひと組の老夫婦が訪れてきた。

「Tさんという方はおられますか、というので、私ですが、と立ち上がると――」

老夫婦のご主人のほうが「ああ、あなたが」といい、ふたり揃って深々とTさんに頭を下げた。手には大きな風呂敷包みを持っている。

どういったご用件ですか、と訊くと——。

「自殺した女性のご両親だというんです。吃驚《びっくり》しましたが、もっと愕《おどろ》いたのは——」

亡くなった娘が、毎晩のように老夫婦の夢枕に立つのだという。年老いた両親に泣いて謝りながら、娘はこういうのだそうだ。

「マンションの横の警備会社にいるTさんという方に御礼をして欲しい。膝掛けで私の躯を隠してくれたから」

毎夜のようにふたりの夢に現れ、そればかり繰り返すので、夫婦は相談して御礼に訪れたというのだった。

「却って恐縮しちゃって。隠したといっても、上半身を少し覆えたぐらいで、たいしたことはできなかったですから」

その言葉を受け、私はあることに思い至った。この体験を否定するのではないが——。

「ご両親は警察のひとから聞いていたのではないですか。Tさんが膝掛けを躯に掛けてあげたことを。そのことがご両親の記憶に強く残っていて、そういった夢を見させたとか」

すると、小さく首を振りながら、

「それは私も思いましたけどね、ありえないんです。膝掛けは救急車が来た時点で、私が処分してしまいました。それに警察に引き継いだのは総務の者で、私じゃないんです。ですから、膝掛けなんていう言葉が老夫婦の口から出ること自体、不思議なことなんですよ」

そうTさんは語った。

安息の場所

宅配水の販売会社に勤めるＤさんの話である。

Ｄさんは社用車で営業先を回るそうだが、アポイントの時刻まで時間を持て余してしまうことがあるという。長いと三時間も四時間も空いてしまう。かといって会社に戻ればうるさ型の課長に訳もなく小言されるのだから、外に出ているほうがまだしも気楽だった。

そんなときは、会社から二十キロほど離れた商業施設の駐車場で仮眠をとるそうである。

「会社の近くだと、いつバレるかわかりませんから。目立つ場所はまずいので、できるだけ隅のほうに車を駐めるようにしていました」

郊外とあって商業施設の駐車場はかなり大型だったが、平日の昼間でも六、七割方は埋まっている。もっとも殆どの客は店舗の入り口付近に駐車するので、Dさんが駐めるような隅のほうは比較的空いていた。

「馴染みの駐車場って、定位置というか、お決まりの場所があるじゃないですか。車が置ければどこでも良さそうなものですが、そこじゃないとなにか落ち着かないみたいな。特に僕は車のなかで寝るので、なおさらそういうところがあって」

可能なかぎり、Dさんは同じ場所に車を駐めるようにしていた。が、毎回そういうわけにもいかない。別の会社の社用車が駐まっていることもあった。なかを覗くと、同じような作業着を着た会社員が、開いた漫画本を顔のうえにのせて、シートを倒している。

「みんな事情は似たり寄ったりだな、と。持ちつ持たれつというか、別に文句をいうようなことでもないので、そんなときは他のところに駐めて寝るのですが――」

眠れないのだという。

その決まった場所以外に車を駐めると、なにか居心地の悪さを感じ、なかなか寝付けない。ようやくうつらうつらし始めても、決まって怖ろしい夢を見て、すぐに起きてしまう。額や首筋には厭な汗がじっとりと浮かんでいる。

起きてしまうと夢の内容は憶えていないが、なにかひどく哀しい感情に捉われた。躯を休めるために寝ているのに、反対に気分が悪くなる。得意先に着くやいなや、強い吐き気を催し、トイレを拝借したことも一度や二度ではなかった。違う施設の駐車場に駐めてみたこともあったが、殆どが有料で、そのうえ警備員が頻繁に見回りをしており、とても車内で寝てなどいられなかった。

「いろんな条件を考えると、やっぱりその商業施設の駐車場が、一番都合がよかったんです」

最初のうちは気のせいかと考えていたが、決まったところ以外に置くと例外なく気分が悪くなるので、明らかにおかしいと思い始めた。オカルトめいたことはそれまで信じたこともなかったが、この土地にはなにかいわくのようなものがあるのでは、とDさんは思った。

商業施設が建つ以前、この辺一体は小さな町工場が立ち並び、大きな工場もあったはずだ。特に事件や事故があったとは聞いたことがない。しかしそれは、自分が知らないだけなのかもしれなかった。――とそのとき、ふと妙案が浮かんだ。

Dさんの会社で扱っている家庭用宅配水のパンフレットが、車のダッシュボードのなかに入っていた。駐車場のフェンスの向こう側にはコンビニがあり、その両脇に数軒、やや大きめの民家が建っている。それぞれ築二十年は経っているように見えた。

駐車場に車を置いたまま、パンフレットを持って、そのうちの一軒――駐めた車のすぐ眼の前の家に向かった。

飛び込みの営業を掛けようと考えたのである。断られるだろうことは百も承知だったが、自分でも不思議なほどの意欲でインターホンを押していた。

しばらくして年配の婦人の声で応答があった。社名を名乗り、手短に用件を話すと

「少しお待ちになって」と意外にもドアを開けてくれた。

玄関で両膝をつきながら熱心に商品の説明をすると、老婦人も興味深そうにDさんの話を聞いた。

「娘さんが雑貨屋を経営しているとのことで、たしかそんなものを探していたはずだと。お店に行くと、よくウォーターサーバーが置いてありますよね。ああいう感じで置きたいとのことでした」

とりあえずその日はパンフレットだけ渡し、娘さんの休日に再度来訪することになった。

後日、娘さんから連絡を受けて件の家に赴いた。リビングルームに通され、ひと通り商品の説明をする。社名と商品のことを娘さんは以前から知ってくれていたようで、営業はしやすかった。Dさんの裁量で月々の料金を少し安くすると、その場で契約となった。

「娘さんもお母さんも気さくなひとたちで、僕としては助かりました。それで本題に入ったんです。といっても、あくまでさりげなくですが――」

こんな立派な商業施設が眼の前にあっていいですね、とDさんは話を切り出した。

便利は便利だが、週末の夜はけたたましい音をさせたバイクが何台も駐車場に入ってきて、何時間も居座っては奇声を発するので、通報したことも度々ある、と母親のほうが苦く笑いながら答えた。そうそう、と娘さんも同調する。

「商業施設ができる前は町工場などがありましたけど、それも結構騒音があったのでは、と尋ねてみました。すると、それはそうでもなかったと。ただ――」

犬が可哀そうで堪《たま》らなかった、と娘さんがいった。

母娘の家の隣に一軒の町工場があったのだという。

そこでは自動車の細かな部品のようなものを製造していた。工場の経営者一家は、同じ敷地の隅のほうに小さな平屋を建てて住んでおり、茶色い毛の柴犬を一匹飼っていたそうだ。

庭の端に犬小屋のようなものはあったが、犬はリードも首輪もされておらず、自宅の周囲に巡らされた鉄柵のなかを自由に動いているようだった。しかし――。

「虐待を受けていたそうです。外でキャン、キャンッ、と短い啼き声が聞こえることがあって、ある日カーテンをそっと開けてみると、工場の経営者が何度も犬を足蹴にしていたそうです。それも容赦ない感じで。また、中学生の息子も学校から帰ってくるなり、玩具のピストルを持ち出してきて、犬を撃って遊んでいたようです。犬が必死に逃げ回るのを笑いながら追いかけていたと。警察に通報しようか悩んだらしいですが、結局しなかったそうです。……というか、できなかったんですね。経営者の家の庭に面しているのは、その母娘の家だけだったので、誰が通報したかわかってしまうからということでした。会えばにこやかに挨拶をしてくるし、愛想もよかったので、なおさら通報しにくかったようです」

犬は幼い頃にもらわれてきたのだが、最初の数年は家族全員、とても可愛がっていた様子だった。花見の時期には、近くの公園の芝生で犬を交えて手弁当を食べる経営者一家をよく見かけたそうだ。しかし出入りする車が眼に見えて少なくなり始め、工場の活気がなくなってくるのと時を同じくするように、犬への虐待が始まったのだという。

――と、そのとき、母親のほうがつと立ち上がり、窓のカーテンをさっと開けた。

「ほら、あの黄色いワーゲンが駐まっている辺り、ちょうどあの辺に経営者の家があったのね」

そういいながら五十メートルほど先に駐まっている車を指差す。

犬への虐待がひどくなりはじめた、そんな折、町工場の隣にあった大きな製パン工場が閉鎖することになった。ほどなく跡地には大型商業施設ができるという噂が流れた。

「細かい経緯は知らないそうですが、土地を売ってくれという話が町工場にあったのではないかと。それで渡りに船と、経営者は土地を売却したんじゃないかということでした。今の駐車場になっている一部ですね。フェンスから建物までの三分の一辺りまでは町工場の敷地だったそうです。そのとき、娘さんも立ち上がって外を見ながらこういったんです。犬小屋は、ちょうどあの白いワゴン車が駐まっているところにあったんだよね、と」

娘さんの指差す先には、Dさんの社用車があった。

嗚呼……と、知らず声が漏れていた。

虐待された犬は、おそらく犬小屋のなかでだけ平穏な時間を過ごせたのだろう。その場所以外は、彼にとって地獄そのものだったに違いない。——そうDさんは感じた。

町工場が閉鎖され、家族の引っ越しの日には、すでに犬の姿はなかったそうである。

見えざる意思

山梨県に住む会社員Fさんの話である。

五年前の冬の朝、Fさんは東京の本社へ出張するため、身支度を整えていた。

鞄に必要な書類を入れ、クローゼットを開く。クリーニングの袋に入ったままのワイシャツとスーツをベッドのうえに広げる。

「仕事柄スーツは着ないのですが、本社出張のときはさすがに——」

ふと、ベッドサイドの写真立てに眼がいく。浴衣《ゆかた》姿の妻の写真。乳がんを患い、妻は半年前に亡くなっていた。生前、まだ動けるときにシャツとスーツを一式、近所のクリーニング店に出しておいてくれたのだった。彼はそのことを知らずにいたので、数日前に長期間預かっていると電話があり、慌ててクリーニング店に受け取りに行ったのである。

時計は七時二十五分を指している。会議は十時からなので、七時半には出ないといけない。

急いで着替えをしようと、クリーニングの袋を破ったときだった。タグに留まったホチキスの針が、曲がらずに伸びていた。そのため、左手の人差し指の腹に針が深く刺さった。慌てて抜くと、シャツに血が付いた。右手で止血しながら絆創膏を探すが、薬箱の場所がわからない。そういうことは妻に任せっきりだった。そうこうする間に七時二十八分になろうとしている。こんなことをしていたら遅刻してしまう。

傷口にティッシュペーパーを当て、近くにあったガムテープを短く切った。それを強く指に巻く。応急処置だ。絆創膏《ばんそうこう》はドラッグストアかどこかで買えばいい。

シャツを手に取ると急いでキッチンへ向かい、血で汚れた部分に水を掛けて擦る。わからないぐらい薄くなると、濡れた部分にタオルを当てて水気を切った。

時計を見ると、七時三十一分。これはまずいと着替えもそこそこに、車に飛び乗った。

通勤ラッシュとあり道路は混んでいたが、インターチェンジから高速道路に乗ると空いていた。順調に飛ばしていく。

もうすぐ八王子だ。急げば間に合うだろう、と思った、そのときだった。

トンネルに差し掛かる手前で、前を走る車が急ブレーキを掛けた。なんとか追突は免れたが、少しブレーキを踏むのが遅ければ、もろに突っ込んでいたかもしれない。

見ると、三台前の車から停まっているようだった。

——おいおい、なんだよ。こっちは急いでんだ……。

すると、トンネルの入り口から蒸気のような煙が出てきた。なんだろうと見ていると、ただならない量の白煙が噴き出してくる。事故か。しかも多重衝突かなにかだろうか。

いつしか煙は黒煙に変わり、一向に止むことがない。しばらくすると車が数台、バックしながらトンネルから出てきた。口を押さえながら路肩を歩いて出てくるひともいる。

「なにが起こったのか、そのときはわかりませんでした。天井が崩落したのは後で知ったことですから。あのときはもうみんなパニックで、なにがなにやらという感じで。ご存知でしょう、三台の車が押し潰されて、九人もの方が亡くなった、あの事故のことを。忘れもしません、二〇一二年十二月二日、午前八時五分のことでした」

ええ、もちろんです、と私は答えた。実をいうと、私自身その前日に事故のあったトンネルを利用していた。天井崩落の第一報をテレビで知ったとき、しばらく震えが止まらなかったのを憶えている。いまだかつて味わったことのない衝撃だった。もし一日ずれていたら、自分も事故に巻き込まれていたかもしれない、と——。

「私が停まったのは、トンネルのほんの数十メートル手前でした。もうあと一分、いや三十秒、いいえ、十秒早く家を出ていたら、トンネルのなかにいたはずなんです。あのとき、怪我をしていなければ、絆創膏を探していなければ、妻がクリーニングに出していなければ、私は死んでいたかもしれません」

なにか妻の意思のようなものを感じるんです。

そういうと、ポケットから皺《しわ》っぽいハンカチを取り出し、Fさんは額の汗を拭いた。

花瓶

A君が高校に入学した最初の日、教室の決められた席に着くと、紺色《こんいろ》の制服姿の女子生徒が眼の前に座っている。学校の制服はグレーを主体にしたブレザーとあって、なにかの理由で準備が間に合わず、仕方なく出身中学のものを着ているのだろうと思った。

とそのとき、背後から声が掛かり振り向くと、同じ塾に通っていた顔見知りの男子学生で、おお同じクラスなんだ、と少し会話を交わした。そして再び前を向くと、先ほどの女子生徒の姿が見えない。その代わり、花を生けた花瓶が机のうえにぽつんと置いてある。

えッ、これって――。

そう思った矢先、遅れて教室に入ってきた別の男子生徒がその席に座った。机のうえに鞄を投げるように置き、落ち着かない様子でスマートフォンを弄《いじく》りだす。

机のうえの花瓶が、いつのまにか消えていた。

A君の高校は十年前に男女共学になったが、それ以前は女子高で、紺色の制服だったことを後で知ったという。

頑固オヤジの店

長野県に住むAさんの話である。

Aさんの地元にジンギスカンの美味しい店があるという。

小ぢんまりとした店だが、口コミを中心に人気が出て、常に客足が絶えないそうだ。

オーナーは四十代半ばの偏屈《へんくつ》を絵に描いたような男で、客を客と思わない横柄《おうへい》な振る舞いに、知らずに入った者は怒り出すこともあった。

「肉の投入のタイミングとか野菜のうえに肉をのせて間接焼きしろとか、そりゃあ、うるさくて。自分で焼く意味がないってもんです。よくある頑固オヤジの店ってやつですかね。それでも他と比べて格段に味がいいので、客はかなり付いていましたけど」

十ヶ月ほど前のある日、Aさんが店に行くと、オーナーはどこか具合が悪そうだったので、訊くと風邪をひいたといっていた。

その数日後のこと。

『しばらく休みます』と乱暴な字で書かれた紙が、店の入り口のドアに貼られた。

風邪をこじらせてしまったのかな、そうAさんは思ったが、それからほどなく、街なかで偶会《ぐうかい》した常連客のHさんから、オーナーが亡くなったことを知らされた。

「吃驚《びっくり》しましたよ。風邪をひくまではピンピンしていましたから。空手だか柔道だか、格闘技をやっていたそうで、体つきもがっちりしていて、そんな風邪くらいで死ぬようなひとには思えないんです。でも、人間なんて逝くときは、案外そんな感じかもしれませんが」

店は畳んでしまうかと思われたが、オーナーの弟夫婦が会社勤めを辞めて、経営を引き継ぐことになった。オーナーに教わることなく始めるのだから、味が落ちるのは必至だった。が、常連客が半分教えるような形で、今のところ店は続いているそうである。

「脱サラまでして引き継いでいますから、弟さん夫婦も真剣ですよ。毎日遅くまで頑張っている甲斐もあって、最近はだいぶよくなってきましたよ。亡くなったオーナーの頃と比べても遜色《そんしょく》ないんじゃないかな。新しい客も付いて、結構繁盛しているようです」

ところが最近、変な噂が流れているという。

「Jさんという五十年配の古い常連客がいるのですが、この二年ほど四国のほうに単身赴任していたそのひとが、先頃帰ってきたとき、久しぶりに店に行ったところ――」

入り口の扉が閉まっていた。ドアには準備中の看板が掛かっている。腕時計を見ると、夕方の六時だった。

――おかしいな、前は五時といえばもう開いていたはずだが……。

すると、背後に誰かが立っている気配がする。客だろうか。

まだやってないよ、そういおうとして、Jさんは後ろを振り向いた。

オーナーが、立っていた。二年ぶりの再会である。

「いやあ、どうもどうも。すっかりご無沙汰しちゃって――」

Jさんはそう挨拶をしたが、オーナーは頷《うなず》くだけだった。無言である。焦点の合っていない虚《うつ》ろな眼差しで、Jさんのすぐ眼の前に立っている。

なんだか気まずくなり、Jさんは視線を一旦反らした。そして再びオーナーのほうを見ると、忽然《こつぜん》と姿が消えている。

店に入ってしまったのか。しかし、それにしても——。

不思議に思ったが、ちょうどそのとき、入り口の施錠を開ける音がした。がらがらがら、と引き戸を開けて顔を出したのは、オーナーではなかった。知らない男の店員である。新しい従業員でも雇ったのかと店内に入ったが、ついさっき会ったばかりのオーナーの姿がどこにも見えない。

「新しいひとだね。今日はオーナー、店に出ないのかな」

そう尋ねると、店員は、はッとした表情になった。愕《おどろ》きながらも、なにか言い澱《よど》んでいるようだった。

「いや、前のオーナーは亡くなったんです。……ご存じなかったですか。私は弟なんです。兄の死後、この店を引き継ぎました」

俄《にわ》かに鳥肌が立った。

つい今しがた、店の前でオーナーに会ったばかりではないか。会話という会話はしていないが、あれはオーナーに間違いない。自分が挨拶をしたら頷いていたではないか。

その話をすると、店員は一層愕いた顔をした。が、なにか心当たりでもあるのか、「そんなことがありましたか」といったきり、黙ってしまったという。

また一見客のRさんはこんなことを語った。

半年ほど前のこと。

Rさんは友人とふたり、初めて店に入ってみたという。

地域のグルメサイトで事前に店の評判を知っていたので、最初から何皿も注文し、肉を焼き始めた。

インターネットの情報では口うるさい店主がいるとのことだったが、別になにもいってこない。誰が店主か知らないが、店員の感じは悪くなかった。いや、むしろ周辺の店に比べて丁寧なほうである。

――グルメサイトなんていいかげんなものだな。

そう思いながら肉を焼いていく。友人とは久しぶりだったので会話も弾み、すっかり話し込んでしまった。

慌ててジンギスカン鍋に眼をやると、——肉が一枚ものっていない。野菜がじゅうじゅうと音をたてながら焼けているだけである。

見ると、友人はキョトンとした顔で、手元の取り皿を指さしている。Rさんも自分の取り皿を見て、ぎょっとした。ほどよく焼けた肉が何枚かのっている。自分だけでなく、友人のほうにも同じ量が取り分けられていた。無意識に鍋から箸で取っていたのだろうか。いや、そんなことはしていない。

「肉の焼け方を見ると、たったいま鍋から取り上げたばかりの感じだったそうです。口に入れたら熱かったみたいですから。もうこれ以上ないくらい、ちょうどいい焼き加減だったそうですよ」

それ以降も、同じようなことをいう客が何組かいたそうである。

後日、オーナーの弟さんはAさんにこんなことを語った。

「兄が口うるさかったのは常連の方からよく聞かされますが、単にお節介なだけなんですよ。美味しく食べてもらいたい気持ちからそうなってしまうんでしょう。健康にとても自信があるひとでしたから、おそらく自分が死んだことを理解していないのかもしれませんね」

成仏できていないのではないか、とも考えたが、別にそれ以上の怪しい現象は起こらないので、店に関しては特に供養や御祓いはしていないそうだ。経営はうまくいっているのだし、少しぐらい変わったことがあるほうが話題になるのでは、と考えたという。商魂逞《たくま》しいというか、なかなか強《したた》かではないか。

現在、店は繁盛店として、口コミサイトで上位をキープし続けているとのことである。

院長先生

高校教諭のM代さんの話である。

彼女が子どもの頃、近所にS医院という町医者があった。内科と小児科を兼ねた、さほど大きくはない診療所だったが、懇切丁寧な治療と気さくな院長の人柄からか、常に混みあっていたという。

M代さん自身も体調が悪いとき、S医院を利用していたが、処方された薬を呑むと、毎回すぐに良くなるので、子ども心にも院長の見立てが正確であることを感じた。また深夜などの診療時間外でも快く対応してくれるので、地域では非常に信頼があり、大変に評判が良かったそうだ。

院長は五十代中頃の、上唇のうえに髭をたくわえた初老の男性だったが、近隣の大人の女性たちの間では、ダンディで素敵だと、もっぱら噂になっていたという。病気でもないのに通い詰める老女もいたようだった。

そんなある日のこと。

M代さんが、学校帰りに河川敷の堤防を歩いていると、高く生い茂った葦原のなかに肌色のものが動いているのが、ちらりと見えた。なにか生きものではあるようだが、肌色の動物など豚ぐらいしか思いつかない。大きさからしたら子豚だろうかと、ふと興味を覚え、土手を下りて、河川敷の葦のなかに踏み入った。すると――。

子豚ではなかった。

小学校低学年ほどの、見たことのない男児がひとり、全裸の姿で四つん這いになっている。そのすぐ脇に、これもまた一糸纏《まと》わぬ裸の大人の男性が蹲《うずくま》った姿勢で、男児の剥きだしの肌に頬《ほお》をすり寄せ、躯《からだ》の至るところに接吻しているではないか。その男の顔を見た途端、M代さんは愕《おどろ》きのあまり、声を上げそうになった。

S医院の院長先生ではないか。見てはいけないものを目の当たりにした気がし、後退りながら離れると、一目散に駆け出した。

「一瞬、思いっきり眼が合ったんです。そのときに正面から見たので間違いありません。口髭もちゃんとありましたし。それになんというか、妙な違和感を覚えたんですよね」

後から思い返すと、院長の瞳の黒眼と白眼が逆転していた気がしたんです、とM代さん。もっとも、そんな気がしただけなので、それに関しては見間違いかもしれなかった。

家に帰るなり、今見てきたものを家族に話すと、母親がすぐに警察へ電話を掛けた。

その晩はなかなか眠ることができなかった。

あのとき、なぜ院長先生は追いかけてこなかったのだろう。眼は合っているのだし、向こうもこちらが誰だかわかっているはずだ。診療所には私のカルテがあるのだから、住所などすぐに調べることができるに違いない。そう考えると、怖くて仕方がない。なかなか眠ることができなかった。しかしその夜、院長が家に来ることはなかった。

翌日、院長が警察に事情聴取されたことを近所の事情通のひとが知らせてきた。

が、昨日は診療所を休診にして、大阪で行われた学会に出席していたため、終日不在だったというではないか。大阪にいた裏も取れたということだった。つまり、鉄壁のアリバイがあったのである。

M代さんから話を訊くため、何度か警察も家を訪れたが、彼女が見たのは別の人物だったのだろうと、最終的にはそう結論付けられたようだった。元々被害の訴えが出ていないとあって、勘違い、もっといえば、子どもの狂言と判断されたのかもしれなかった。M代さんは納得ができず、悔しくて堪らなかった。

そんなある日、歳の離れた兄が、

「ちょっと調べてみたんだけどさ、もしかしたら、それは生霊ってやつじゃないのか。肉体から魂が抜け出る離魂《りこん》病なんていうものもあるらしい。秘めている欲望や願望みたいなものが、そういう形になって現れたんじゃないのかな」

S医院はその後も多くの患者で賑わっていたが、M代さんはあの日以降、一度も行くことはなかったという。

昭和の終わり頃の話である。

シロとサクラ

主婦のN子さんの話である。

今から三十年ほど前、結婚後なかなか子どもができなかったこともあり、マルチーズの雄の子犬を友人からもらい受けることにしたという。

白い毛並みが綺麗なのでシロという名前を付け、夫婦は可愛がった。

N子さんが台所に立っていると足元に座り、ソファに腰を下ろすと膝のうえに乗ってくる。トイレへ行くのにも付いてくるのでさすがに困ったが、本当のわが子のように愛しい存在だった。

子どもが生まれるとペットを構わなくなる——と、ひとから聞き、それは自分には当てはまらないとN子さんは思ったが、三年ほどして実際に子どもが生まれてみると、たしかに以前ほど面倒を看てあげられなくなった。

子どもが二歳を過ぎた頃から自然とシロと遊ぶようになり、彼女は安堵した。遊び疲れた子どもはそのおかげでよく眠ってくれた。シロが寝るときは、必ずN子さんの布団に入ってきて、腹のすぐ脇で朝までまるくなった。

シロが六歳のある日のこと。

いつものようにN子さんの後ろを歩いていたシロが、急にふらふらした足取りになったかと思うと、突然横に倒れ、激しい引きつけを起こした。慌てて動物病院に連れていったが、到着と同時に呼吸《いき》を引きとった。マルチーズに多い心疾患のようです、と獣医師から告げられた。もっと普段から気をつけていれば死なせずにすんだかもしれない。犬一匹の面倒もちゃんと看てあげられなかった自分に心底嫌気が差した。

子どもが生まれたことを言い訳にしていなかったか。こころのどこかでは疎ましく思っていたのではないか。病気とはいえ、私が殺してしまったようなものかもしれない。ごめんね、どうか赦してシロ。こんな悲しみは二度と御免だ。ペットを飼うのはもうよそう――。

そう固くこころに誓った。

子どもが小学五年生になった初夏のある日。

息子がキジトラの雌の子猫を公園で拾ってきた。

『どなたかもらってください』

そう書かれたダンボールのなかで啼いていたのだという。すぐに返してきなさい、とN子さんは叱ったが、そういった自分の酷薄さに寒気がした。

「僕が責任を持って飼うからいいでしょ」

息子はそういってきかない。しかし、シロのときのような悲しみはもう味わいたくなかった。

「動物を飼うのは簡単なことじゃないのよ、あなたにそれができるの」

そう言い諭してみるが、息子の頑固なところは母親譲りだった。

「いいじゃないか。自分からなにかしたいなんていうのは珍しいんだから。どこまでできるかわからないが、やらせてあげれば。でも生き物なんだからな、ゲームみたいに途中で投げだしちゃいかんぞ」

珍しく夫がそんなふうにいうので、仕方なく彼女は飼うことを了承した。

まだ掌《てのひら》ほどの大きさなのに、子猫は一日中みゃあみゃあと啼いた。

——お母さんがいないからきっと寂しいのね。

こんなに小さくいたいけな命を安易に捨ててしまうひとの気持ちがわからなかった。もっとも、散々逡巡した挙句どうしようもなくなり、誰かがもらってくれたらと一縷の望みを掛けて公園に放置したのかもしれない。

猫の名前はサクラと名付けられた。桜の木の下で拾ったからである。

思っていた以上に息子はよく面倒を看た。学校に行っている間は、N子さんが代わりに世話をした。息子はもちろん、彼女にもよく懐いた。猫は初めて飼ったが、こんなに可愛いものなのかと思った。犬に比べると奔放なイメージがあったが、そういったところは微塵《みじん》もない。従順でおとなしく、甘えん坊だった。どこへ行くのにも後を付いてくる。料理をしていれば足元で香箱を作って眼を細くしている。トイレに立っても、ちょこちょこと後を付いてきて、ドアの前でおとなしく待っていた。

ある日、友人がやってきて、こんなふうにいわれた。

「あら、この子がサクラちゃんか。小さくて可愛いわね。でもこの子猫ちゃん、ちょっとワンちゃんっぽくない？　ほら、顔近づけてきて舐めようとするじゃない。猫ってあまりこういうことしないから」

今まで気づかなかったが、たしかにサクラはよく顔を舐めてくる。息子の部屋で寝たはずなのに、朝方ふと目覚めると、腹の横でまるくなっている。そのままうつらうつらしていると起き上がって顔を舐めてくるのだが、半覚半醒のなかでシロと間違えたことは一度や二度ではなかった。そういわれ考えてみると、見た目が違うだけで、行動や細かな所作がシロとよく似ている気がした。いや、似ているという程度ではない。まるで生き写しのようだった。

夕餉の席で家族にそのことを話すと、たしかに似ているかもな、と夫がいった。そんなふうに感じたことが今まで何度かあったという。息子はそんな両親を横目で見ながら、大きくかぶりを振った。

「そんなことない、サクラはサクラだもん。生まれ変わりだとでもいうの。そんなことあるわけないよ」

たしかに息子のいうとおりかもしれない。生き写しのようだと感じたことで、生まれ変わりなどという莫迦げた考えを抱いたが、冷静に考えてみれば、そんなことがあろうはずがない。

シロは六歳で亡くなってしまったが、サクラは至って頑健だった。前のときの後悔から定期的に病院へ連れていくようにしていたが、異常は特に見つからなかった。そのおかげか、小さな病気もせず、サクラは健やかに育った。

サクラが十九歳になった年の春、息子は結婚を機に家を出ていった。

引っ越し先のマンションがペット不可のため、サクラは家に置いていくことになった。日がな一日N子さんの傍で寝ているばかりで、たいして手も掛からないので、そのことに問題はなかった。息子も休日の度、新妻を連れて実家を訪れたが、特に話すでもなく、小一時間ばかりサクラを抱いたり撫でたりして帰っていった。

その年の夏の明け方のことだった。

ふと目覚めると、いつも腹の脇で寝ているサクラの姿がない。就寝時はたしかに寝室にいたはずだが、いつのまにか自分で襖を開けて出ていったようだった。

——そのうち戻ってきて、顔を舐めながら起こしてくるのね。

八時半頃に再び目覚め、布団のなかをまさぐるが、やはりサクラの姿がない。どこに行ったのだろう。リビングや居間、息子が使っていた部屋も見て回るが、どこにもいなかった。玄関や窓は施錠していたはずだし、猫用扉もないので、外には出られないはずである。しかし家にいない以上、外にいるとしか考えられない。

サンダルを履いて庭に出てみた。見える範囲にサクラの姿はない。道路に飛び出して車にでも轢かれたのではないか。急ぎ足で近くの幹線道路まで出てみたが、動物が轢かれている様子はどこにも見当たらなかった。自宅に戻り、まさかここに、と軒下を覗いた瞬間、思わず声が漏れた。

いた。サクラがいた。散々探したのに、こんなに近くにいたとは。しかし——。

横向きになり眼が半開きになっている。その瞳に光はない。眠っているのではない、とすぐにN子さんは悟った。

「年齢が年齢でしたから、遠くない未来にそんな日が来ると覚悟はしていましたが、やはりこうなると可哀そうで……。でも不思議なのは、家の鍵はすべて掛けていたのに、どうやって外に出たのかわからないんです」

それに死んでいたのはN子さんが敷いている布団の下、サクラやシロがいつも眠っていた場所の、寸分違わない真下だった。

「どうせなら暖かい布団のなかで逝かせてあげたかったです。なぜあんな暗くて寂しい場所を選んで死んでいったのか。理解できないのは自分が人間だからでしょうか」

もう二度とペットは飼うまい。今度という今度は本当に。しばらくはそう思っていたそうだが——。

子どもが巣立ち、サクラが死んでしまった初老の夫婦は、本当の意味でふたりきりになってしまった。夫婦の会話は減り、家は途端に静けさを帯びた。

最近、雌と雄のチワワを二匹、飼い始めたという。

名前はシロとサクラにしたそうである。

乗客

普段はほとんど利用しないのだが、先日珍しくタクシーに乗る機会があった。

運転手は私と同世代で、愛想は悪くないが、どちらかといえば寡黙な感じの男性だった。私自身タクシーでお喋りをするのは好まないが、目的地まで二十キロと距離があったのもあり、どちらからともなく私たちは会話を交わしていた。天候や街の景気といった、こういった場に相応しい話である。話すこともなくなった頃、ふと思い出したように、なにか奇怪な体験をされたことはありませんか、と私は尋ねてみた。

「奇怪な体験というと、怪談話のことですかね。そうですねえ、怖いと思われるかわかりませんが、一度だけこんな不思議なことがありましたよ」

そういって運転手は話し始めた。

五年前の出来事だという。

その日の朝、M市の駅前でひとりの客を乗せた。七十歳ほどの男性で、S市まで行ってくれという。長身瘦躯《そうく》で齢のわりに背筋がしっかりとしている。S市はM市から三十キロほどあるので、朝からいい客を掴まえたと喜びながら運転していると、今日は寒いねえ、と背後からいってくる。適当に受け答えていると突然、

「ほら、ジャイアンツの若い選手いますね。なんという名前だったか、彼はいいですなあ。ねえTさんもそう思うでしょう」

いきなり自分の名前を呼ばれ、愕きながらも、

「S選手ですか。ええ、彼はいいバッターです。守備もなかなかのものですし、今年辺りゴールデングラブ賞獲るんじゃないですかね」

そう咄嗟《とっさ》に答えたが、なぜ自分にそんな話題を振ってくるのか不思議でならなかった。彼は長年の野球ファンで、根っからのジャイアンツ党だったのである。――と、そのとき、ふと思い当たった。

なんだ。運転席の後ろに自己紹介を記したプレートが貼ってあるじゃないか。そこに

は自分の名前と『趣味は野球観戦（ジャイアンツファン暦三十年）』と書いてあるのだ。

それからしばらくの間、古い野球談義に花が咲いたが、S市に着くと繁華街のデパートの前で男性は降りていった。

空腹を感じ、眼についたラーメン屋に入った。少し早い昼食をとる。食べ終わった頃、隣席の女性客に声を掛けられた。郊外の病院まで送ってくれないかというので、乗せていき、その帰り道のことだった。

M市に向けて国道を走っていると、こちらに向けて手を上げているひとがいる。近づくにつれて、あれっ、と思った。朝乗せた男性客である。用事が済んでM市に帰るのだろう。

男性客は乗ってから気づいたようで、声を上げた。行きと帰りが同じタクシーだったことに愕《おどろ》いているようだったが、別段運転手はそのことを珍しくは感じなかった。同じ客を日に二度乗せることは稀にあったからである。

再び野球の話をしながらM市に戻ると、朝乗せた駅前のロータリーで男性は降りていった。

その後、短距離の客を何人か捌いたところで、配車センターから常連の年配客のところに向かうよう指示が入った。行き先は四十キロほど離れたK市の親戚の家だという。滞りなく客を送り届け、M市に戻るために市道を走っていると、歩道で手を上げているひとがいる。そのシルエットを見た刹那まさかと思ったが、近づくにつれて予感が現実であることを悟った。

朝、S市までの行き帰りを乗せた、あの男性だった。

一体この老人はなにをしているのか。わずか半日ばかりのうちにこれだけの距離を移動するのはどう考えても普通ではない。元気な高齢者が増えているとはいえ、ちょっとアクティブすぎやしないか。

俄《にわ》かに気味が悪くなった。だが、そんな思いとは裏腹にハザードランプを点滅させ、ブレーキを踏んでいた。

「日に二度まではわかりますよ。でも一日に三回も同じ客を乗せるなんて、同僚を含めても聞いたことがありません。しかも同じ市内でならともかく、数十キロも離れた場所ですし、タクシーなんて何十台も走っていますから」

男性のほうも眼をまるくして愕いている。おやおやこれだけ会うのはなにかの縁ですな、と客は呟き、再びM市に向けて車を走らせた。

駅前に着くと降り際に、

「親御さんはご健在ですな。今のうちに親孝行をしておかないといけませんよ。あと、お嬢さんも反抗期で大変でしょうが、あなたが優しいから甘えているんです。たくさん愛情を注いであげてください」

なぜ唐突に両親のことなどいうのだろう。しかも健在であることを疑問形ではなく、半ば肯定したようないい方だった。それに年頃の娘がいることなど会話のなかでひと言も話していない。もちろん自己紹介のプレートにもそんなことは記していなかった。

「なんか気持ち悪いじゃないですか。親孝行しとけとか甘やかしてあげなさいとか、まるで私か家族の誰かがもうすぐ死んでしまうような感じで……。それにすっかり聞き流していましたが、Tという苗字は私の旧姓なんです。自分は入り婿なので苗字が変わっているんですよ。自己紹介のところには旧姓なんて書いていませんから」

両親を旅行に連れていってあげたいと、なんとなく思っていたのはたしかだった。

客の言葉がこころに残っていたのもあり、それからほどなく温泉旅行をプレゼントしたという。

その三ヶ月後、父は急な病気で他界したそうである。

演奏中止

予備校講師のKさんの話である。

三年ほど前、忘年会の二次会でカラオケに行ったときの出来事だという。

予約した曲のイントロが流れ、Kさんは慌ててマイクを握った。

カラオケに来るのは久しぶりだった。歌詞だけでも間違えないようにと、モニター画面を見ながら歌い出す。

九十年代後半に流行った、男性シンガーソングライターの曲。

カップルが浜辺で肩を寄せ合い、夕焼けを背景に歩いている映像が流れている。その女性の顔が大映しになった瞬間、Kさんは一瞬、歌うことを忘れた。

「大学時代に付き合っていた彼女だったんです。卒業する前に別れてしまいましたが。でも彼女に間違いありません。なぜかといえば、彼女は女優志望で、どこだかのプロダクションに入ったと、当時いっていたので」

こんな偶然があるだろうか。知らず熱いものが込み上げる。歌うことなど、もうそっちのけだった。しかし、あることを思い出した途端、Kさんは演奏中止ボタンを押していた。

「彼女、亡くなっているんですよ、胃がんで。大学を卒業して五年くらい経った頃だったかな。葬儀にも出たのに、そのことをすっかり忘れていたんです」

だとすれば、映像は生前に撮られたものだろう。偶々《たまたま》選んだ曲に駆け出しの女優だった彼女が出演していただけの話だ。愕くのはわかるが、曲を停止することはないと思うが――。

「恋人にキスをせがむように眼を閉じるのですが、それが葬儀のときに見た、棺のなかの彼女の姿そのままで、つい堪らなくなってしまって。それに、違うんですよ。ええ、全然違うんです」

彼が選曲したのは、浜辺やカップルはまったく関係のない、コミカルな「おふざけソング」だったという。

赤毛の友

十五年ほど前にイギリスに留学していたMさんから聞いた話である。

Mさんがホームステイしていた家のご主人の父、グラハムさんの体験談だという。

グラハムさんは十五歳の頃、私立のボーディング・スクール（寄宿生学校）に通っていたそうである。規律の厳しい全寮制の学校とあって、裕福な家庭の者が多かった。子どもたちを学校に入れておいて、自分たちは殆どを海外で過ごすのである。

グラハムさんは一般家庭だったので、そのことで引け目に感じることがあったが、新年度に寮で同室になったロン君という男子学生の家庭も特に富裕ではないようで、そのことで妙に気が合い、親しくなった。

ロン君は赤毛で頰《ほお》にそばかすが多く、そのことで同級生たちから、からかわれることが多かった。rotten carrot（腐った人参）などと口汚く罵《ののし》る者もいた。もはや陰湿ないじめ以外のなにものでもなかったが、それをグラハムさんはいたたまれない気持ちで見ているだけだった。いじめをする者に注意できればいいのだが、それをしたら今度は自分が標的になってしまうかもしれない。学校のなかにおいては、自分とロン君はマイノリティであることを悟っていたので、迂闊《うかつ》なことはできなかった。

ロン君の成績は当初こそ上位のほうだったが、次第に机に向かう姿も見かけなくなっていた。学業のことで先生に呼び出され、強く叱責されているところを目撃したこともある。それまでのロン君ではありえないことだった。

夜もあまり眠れない様子で、深夜、月光が射すだけの暗い部屋のなか、ベッドのうえで膝を抱えて考え込んでいるようなときには、グラハムさんも堪《たま》らず起き出して、

「辛いだろう。先生にいえば、なにか手立てを打ってくれるかもしれない。僕はなにもできず不甲斐ないよ」

そういうのが精一杯だった。ロン君は軽く首だけ向けて、

「うん、大丈夫さ。ありがとう」

そう返すのが常だった。

そんなある日、授業を終えて、校舎の外を歩いていると、頭上からグラハムさんを呼ぶ声が聞こえた。なんだろうと見上げると、時計塔の最上階の縁にロン君が立っている。四階建てだが、天井がかなり高い建物とあって、今様の建築なら六階建てほどの高さがある。

バランスをとっているのか、両腕を広げているが、ふらふらとしていて、今にも下に落ちてしまいそうだった。

「おおい、危ないぞッ」

そう叫んだ瞬間、ロン君は両腕をうえに上げ、飛び込みの選手のように頭から飛び降りた。真下にいるグラハムさん目掛けて落ちてくる。うわッ、と声を出して眼を瞑《つむ》るだけで、飛び退く余裕などなかった。

――が、衝撃がない。自分にぶつかるどころか、地面に落ちた音も聞こえない。恐る恐る眼を開けたが、ロン君の姿はどこにもなかった。辺り一帯見回してみたが、誰かが落ちた形跡もない。頭を抱えながら屈みこんでいる自分を不思議そうに見る他の学生たちの姿があるだけだった。

その晩、ロン君は部屋に戻ってこなかった。

昼間見た光景は、幻覚にしてはあまりにも生々しかった。ロン君になにかあったのではないかとグラハムさんは案じた。一体どこへ行ってしまったのか。外出して探すわけにもいかず、仕方なくベッドで横になっていると、深夜になって、ふらりとロン君が戻ってきた。

「君、どこへ行っていたのさ。心配したじゃないか」

そう尋ねると、ロン君はなにごともなかったように真顔でグラハムさんの顔を見つめた。その飄々《ひょうひょう》とした感じはいつもの彼と変わらなかったが、なにかいいわくいい難い違和感を覚えた。が、それがなんなのか、すぐにはわからなかった。

昼間の幻覚のことはいう必要がないだろうと黙っていたが、ロン君の様子がおかしいのはたしかだった。

「ひどく疲れたから寝るよ」

そういってロン君はベッドに横になったが、薄暗闇のなか、天井に向けて眼と口をいつまでも開いているのが、なんとも不気味に見えたという。

翌朝、朝食の席でロン君と向かいあったグラハムさんは、昨晩感じた違和感の正体を知った。

ロン君は右の犬歯が大きく欠けていたはずなのに、そこは普通の歯が生えており、その代わりに左の犬歯が欠けていた。それに首の左側に大きな黒いイボがあったのだが、それが右側にできている。つまり――左右が逆になっているのである。

だからといって、ロン君に変わりはなかった。ただ、その日以降、ぱったりといじめが止んだという。

それからロン君は以前のような成績を取り戻し、その後ケンブリッジ大学に入学した。教授たちも一目置くおくほどの優秀な学生であったそうだが、卒業後、法律事務所で働き始めた最初の年に、理由はわからないが突然自殺してしまったそうである。

オランダ人の恋人の住むアパートの屋根から飛び降りたのだという。

悲しみのサンバ

二十五年ほど前、Mさんの中学生の弟が、どこかから古びたクラシックギターを拾ってきた。それまで音楽はもちろん、楽器に興味を示したことなどなかったのに、飽きることなく一晩中、爪弾《つまび》いている。

うるせえぞッ、と堪らず部屋に怒鳴《どな》りこむと、弟はなにも答えず、にやにやとただ嗤《わら》っていた。

翌日、学校から帰ると、弟の部屋からギターの音色が聞こえてくる。覗いてみると、両指を巧みに動かしながらアルペジオを奏でていた。玄人はだしの演奏で、昨日初めてギターを手にした初心者のものとは思えない。チューニングの仕方すら怪しいはずなのに、たった一日でこれほど上達するものだろうか。もしやと思ったが、弟の部屋にはラジカセやテレビの類はなにひとつ見当たらなかった。

その日の深夜。

原付バイクでふたり乗りをしていた弟がパトカーに追われた。その挙句に無謀な運転をし、電柱に激突した。友人は一命を取りとめたが、弟は後続のダンプカーに轢かれ、ほぼ即死だったという。

だいぶ後になり、あの日、弟が弾いていたのは、ブラジリアン・ギターの名手バーデン・パウエルの『悲しみのサンバ』という曲であるのをMさんは知った。音楽に少しも興味のなかった弟が、なぜそんな曲を弾いていたのか不思議で仕方がない。

長く放置されていたギターを、なんとなくMさんは手にして弾き始めたが、どれだけ練習しても弟のようには演奏することができなかった。

件の曲にチャレンジして、もうかれこれ二十年以上経つが、あの日の弟の域にはとても及ばないという。

体質

風俗店に勤めるY美さんの話である。

一年前の冬のことだという。

その日、出勤すると早々に指名が入った。個室で待っていると、しばらくして部屋がノックされた。ドアを開けると、ボーイの背後に三十代半ばほどの、ずんぐりむっくりとした体格の男が立っている。Y美さんは満面の笑顔を見せながら部屋に迎い入れると、男の着ていたダウンジャケットを受け取り、壁のハンガーに掛けた。

外は雪がちらつくほどの寒さだというのに、男は真っ黒に日焼けしている。

「サーフィンとかやられるんですか」

興味はなかったが、そう男に尋ねた。

「……ああ、うん」と男は答えたが、そんな外見とは裏腹に、どことなく陰鬱《いんうつ》な雰囲気を身に纏《まと》っている。こういう場所に慣れていないのかな、とY美さんは思った。話しかけてもぼそぼそと短い言葉を返すだけで、会話がまったく広がっていかない。話しかけるのをやめて、そのままプレイを始めた。

事が終わった後、それまで静かだった男がむくりと起き上がって、突然こんなふうに話し始めた。

「おれは医者ではないんだけど、病院に勤めていてね。この前、――二週間ほど前の夜勤中に洒落にならないほど怖い体験をしたんだ。それ以来、厭な夢ばかり見てね。こうして思い出すだけで鳥肌が立ってくるよ」

Y美さんは人一倍そういった話が苦手だった。が、それ以上に、男が唐突にそんな話を始めたことが気持ち悪かった。

「えーやだやだ、聞きたくないよ、やめてやめてッ」

首を竦め両手で耳を塞ぐと、男はその日初めて彼女の眼を見つめ、にやりと嗤った。

「聞きたくないなら無理にとはいわないけど。でも、俺さ――」

憑依《ひょうい》体質っていうのかな、どうもそういうのを呼び込んじまう体質のようでね。それだけじゃない。俺の話を聞いたひとにも、それが移っちまうみたいなんだ。

タイマーを見ると十分ほど時間が残っていた。が、Y美さんは、「もうお時間ですね、ありがとうございました」と、男の腕を取り、部屋から送り出した。

その後、Y美さんの身に特に変わったことは起こらなかったが、それから十日ほど経った頃、アパートで飼っていた愛猫が突然亡くなってしまったそうだ。

まだ二歳になったばかりで、病気の兆候は特になかった。心筋症だったのかもしれないと獣医からは告げられた。

「男のひとの話と猫が死んだのは全然関係ないと思うんです。なんせ話の核の部分は、なにも聞いていないわけですから。……っていうか、もしそのせいだとしたら理不尽すぎますよね」

男がその後も店に来ているかは、わからないという。

あのひと言

ある社団法人が行う国家試験の監督をしているMさんの話である。

Mさんは一般の会社員だが、この団体に知人がおり、年に二回、試験監督のアルバイトを頼まれるそうである。二年前の、そのときの出来事だという。

いつものように壇上に立って受験者に説明をしていると、一番後ろの席に見たことのある女性が座っている。それが誰かわかるのに、さほど時間は要しなかった。

あれは高校二年生の終わりに、それも僅か数ヶ月ほどだったが、交際した女性ではないか。今となっては、どうして別れてしまったのか思い出せないほど浅い付き合いだった。自分がテニス部の部長になったり、生徒会役員に選出されたりして多忙な時期で、ともに過ごす時間がろくにとれず、なんだかわからないうちに自然消滅してしまったように記憶していた。

彼女はMさんのことを気づいているのかいないのか、ただぼんやりと壇上の彼を見つめている。いくらか年嵩を重ねたようではあるが、高校時代とそれほど変わっているようには見えない。

試験が始まり三十分が経過したので、写真票を集めた。彼女の席は自分の持ち回りではなかったが、回収されたそれには、やはり彼女の名前が書かれていた。所属法人名はなく、個人申込と記載されている。

他の試験官の眼もあるので、いつまでも写真票を見ているわけにもいかず、そそくさと回収用の茶封筒に入れて封を閉じた。

試験が終わり、皆が一斉に出口へ向かうなか、Mさんは腕章を外しながらそちらのほうに向かうと、会場から出たところで背後から彼女の名前を呼んだ。

すると、Mさんが来るのを待っていたかのように、女性は振り向いた。そして、

「わすれられへんから、わたし……」

そう低い声で呟いた。

予想外の言葉に戸惑《とまど》っていると、同僚の試験官がMさんを呼ぶ声が聞こえ、一瞬会場のなかを見やった後、再び女性のほうに振り向くと、忽然《こつぜん》と姿が消えている。ほんの数秒のことなので、まだ近くにいるはずだと、建物の外まで出て探してみたが、どこにも見当たらなかった。

それから数日後のこと。

高校時代の旧友とSNSでやりとりをしていたMさんは、先日の試験会場での出来事を伝えてみた。友人は彼女と同じクラスだったはずなので、なにかしら近況を知っているだろうと思ったからである。

すると、そんなはずはない見間違いだろう、という。

十五年ほど前、彼女は二十代の終わり頃に子宮頸《しきゅうけい》がんを患い、亡くなっているというではないか。クラスが違ったとはいえ、以前の交際相手の死を露とも知らなかったことに愕然《がくぜん》とした。

とすれば、自分が会ったのは一体誰だったのか。あれは間違いなく彼女だった。と、そのとき、試験会場で女性にいわれた言葉をMさんは思い出した。

——わすれられへんから、わたし。

あのときは意味が解せなかったが、なにか思い当たるような、引っ掛かるものを感じた。ふたりの関係は自然に消滅したものと思っていたが、はたして本当にそうだっただろうか。交際がうまくいかなくなりかけたあの頃、なにか不用意なひと言を彼女に告げてしまったような、そんな気がしてならなくなった。

そうだ、たしかひどい言葉を彼女に投げつけてしまったのだ。しかし、それがどんな言葉であったか、まったく思い出せない。

当時ふたりがよく待ち合わせていた校内の自転車置き場で、自転車の鍵を開けながら彼女に向かって彼はいってしまったのではなかったか。彼女は無言だったが、眼に涙をいっぱいに溜めて、自分の前から走り去ったのではなかったか。その日からふたりは会うことも会話を交わすこともなかったのだ。

なぜ今まで自分はそのことを忘れていたのだろう。あのとき放ってしまった言葉を「わすれられへん」と彼女はいっているのではないか。

が、どうしても、そのひと言を思い出せないのだという。

私が出会った少女

二十年ほど前の一時期、イタリアのローマに滞在していたことがあった。そのときの話である。

真夏のある日のこと。

コロッセオの近くで宿のほうに向かって歩いていると、犬を連れた上半身が裸のホームレスらしき男が地べたに座り込んでいる。すると、男の前にひとりの少女が同じように地面のうえで膝を抱えていた。どうやら男は、その少女の絵を描いているようだった。男の傍らに寝そべっている大型犬《マスティフ》の背中に「ritratto（肖像画）」と書かれた紙が紐で括られている。近づいて背後から絵を覗き込むと、あまりに稚拙で危うく吹き出しそうになった。その脇を通り過ぎたとき、少女と一瞬眼が合い、私はぎこちなく微笑《ほほえ》んだ。

その翌日。ヴァチカン市国に初めて入った。

世界最小の主権国家であり、ローマのなかにありながら、ここはイタリアではない。サンピエトロ寺院の門前に立つスイス衛兵による警備は十六世紀初頭から営々と続いているという。

その日は運よく開門していたので、寺院のなかに入ることができた。手荷物検査を受けて大聖堂へと向かったが、そのときの私の愕《おどろ》きといったらなかった。世のなかにこんな建築が本当に存在するのかと思うほど、内部は荘厳を極めていた。どこまであるのか見当がつかないほど高く、大きな天井。それを支えるように聳える、巨大で重厚な壁のどこを捉えても、細やかな浮き彫り細工や絵画が一部の隙もなく施されている。

私はすっかり興奮し、鞄からカメラを取り出すと、何枚もシャッターを切った。するとそのとき、ファインダー越しにひとりの少女の姿が私の眼に映り込んだ。

——あれは、もしかして。

コロッセオの前でホームレスに似顔絵を描いてもらっていた少女ではないか。昨日は一瞬通り過ぎただけだったが、その涼しげな目元や細くすんなりと伸びた手足のフォルムで、間違いないように思われた。

なるほど、少女は地上にこれ以上のものはないと思えるほど、完璧な被写体だった。それは決して、この大聖堂のなかにいるせいではない。

そんなことを考えていると、少女がこちらのほうを見た。すると、突然私のほうを指差しながら、愕いたような表情で必死になにかを伝えようとしている。なんだろうとすぐにカメラを下ろすと、

「泥棒《ラドロネス》ッ」

と、ひと声少女が叫んだ。一瞬なんのことかわからなかったが、荷物を床に置いていたことを思い出した。すぐに振り返ると、見知らぬ男が私の鞄を持って歩き出そうとしている。

――置き引きか。

この野郎ッ、と力ずくで鞄を取り戻すと、間違えたんだよ、と男は惚けながら、出口に向かって急ぎ足で逃げていった。

やれやれと胸を撫で下ろしながら、少女のほうに歩いていき、

「ありがとう、おかげで助かったよ」

そう礼を述べると、ええよかったわ、と少し訛りのある英語で少女はいった。

「ひょっとして昨日、君はコロッセオの前で似顔絵を描いてもらっていなかったかい」

そう訊くと、ええそうよそれは私ね、と少女は答えた。

思い切って、君をモデルに何枚か写真を撮らせてはもらえないだろうか、と私は頼んでみた。すると、少女は笑いながら、

「そうね、ジェラートをごちそうしてくれるなら」

少女の名前はベアトリスといい、スペインのマドリードからひとりで旅行しているのだという。歳は十六歳とのことで、私よりひとまわりほど若いが、話している分にはそういったことを感じさせないところは、少女とはいえ、さすがに個人主義が根付いている欧州の人間なのだなと私は感じた。小さい頃に両親は離婚し、今は母方の祖母と一緒に生活しているが、叔父がローマに住んでいるので初めて遊びにきたというのだった。

昨日、似顔絵を描いてもらっていたのは、男に声を掛けられ、断れなかったのだと彼女

はいった。

デイパックから紙を取り出し、それを広げて私に見せながら、

「少しも似てないわよね、これ」

そういいながらも大事そうに畳み直し、元の場所に戻した。

スペイン広場やトレビの泉、フォロ・ロマーノなどの名所に赴いて何枚か写真を撮ったが、見慣れた風景なうえ、いかにも観光といった感じの写真になってしまうので（それは彼女のせいでなく私の腕の問題だが）、どこか見知らぬ土地に行ってみないかと提案してみた。すると、彼女も是非郊外に出てみたいという。

翌日の午後に私たちは待ち合わせをし、レンタカーを借りた。そしてティレニア海のほうに向けて旧式のフィアットを走らせた。

市街地から少し離れるだけで一気に観光客は少なくなった。途中で食事をしようとバルに入ると地元民ばかりの様子で、冴えない日本人と欧州人の美少女の取り合わせを露骨に眺めてくる。気にせず炭酸水と簡単な食事を注文し、店主にどこか写真を撮るのにいい場所がないかと尋ねてみた。すると、カウンターのメモ用紙に簡単な地図を描き、「こ

こにたしか遊園地があったが」といって、私に手渡してきた。礼を述べると、食事の後、紙に書かれたその場所に私たちは向かった。

　カーナビなどない時代だったから、あちこち走った末にようやくそれらしき場所に辿り着いたが、すでに陽は落ちかけ、辺りは薄暗くなり始めていた。しかも、そこはとっくに営業をとりやめてしまっている廃遊園地だった。途方に暮れたが、意外にもベアトリスは乗り気で、面白そうね、という。却って普通の遊園地より趣があっていいかもしれないと私も感じ、鉄柵をこじ開けて、なかに踏み入った。

　いつ頃廃業したのだろう、なにかの動物のような巨大なオブジェがあるが、塗装は殆ど剥がれ落ち、すっかり朽ち果てている。小さな観覧車のようなものもあるが、金属部分は見事なまでに錆びついているので、かなり以前から廃墟になっているようだった。

　それでもベアトリスは嬉しそうで、メリーゴーラウンドの薄汚れた白馬のうえに跨って、幼い子どものように喜んでいる。そのはしゃいでいる様子を何枚かカメラに収めた。

「ねえ、ちょっとの間、あっちのほうを向いていてもらえるかしら」

　そういうので、年甲斐もなく隠れん坊でもするのかと、仕方なく後ろを向いた。そして、しばらく経ってから振り返ると、眼の前に少女は立っているが、あろうことか、着ているものをすべて脱ぎ去り、裸になっている。

「記念に。一度こういうのもいいかなって思っていたから」

陽の落ちた廃墟の遊園地に佇む、一糸纏《まと》わぬ姿の少女。

それはいかにも幻想的な光景だったが、同時に強烈ないたたまれなさが私の胸に去来した。

そういうのはやめたほうがいい、といって、私はすぐ彼女に服を着させた。

その後も何枚か撮影し、そろそろ帰ろうかというときに、

「私、ここに来たことがあるわ。ええ、ずっと、ずっと前に――」

「だって、ローマは初めてといっていたよね。勘違いだろう」

そういうと、急に彼女は頭を抱えはじめて、

「違う、違うの。もっと、もっと前に。ここが遊園地になる、ずっと昔の話」

「なにをいっているのか、わからないよ」

頭痛がひどいというので、私たちは車に乗り込み、ローマ市内へと戻ることにした。

その間もベアトリスはスペイン語で意味不明なことを口走っている。どうしてしまったのだろう。そして市内に入り、車がサンタンジェロ城の近くに差し掛かったとき、

「そうよ、私は、私はね、あそこで死んだの。そう、あそこで私は殺されてしまった」

城のほうを指差しながら、彼女はそう呟いた。

俄かに少女のことが気味悪くなり、叔父が住んでいるというピラミデ駅の方角に車を走らせた。叔父の家を訊きだし、その前で車から抱えるようにして彼女を降ろした。

玄関で呼び鈴を鳴らすと、しばらくして四十歳ほどの男が顔を出し、私と私の腕のなかの姪っ子を訝《いぶか》しそうに見つめた。

急に具合が悪くなったようで家まで彼女を送り届けたんです、と事情を説明した。その頃にはベアトリスも少し気分がよくなったようで、

「そうなの、このひとはとても親切な紳士《ジェントルマン》よ。今日は色々とありがとう」

そういってくれた。

その日以降、私は少女と会っていない。ただ数枚の写真が手元に残っているだけだ。

連絡先の交換は一切しなかったので、今現在、彼女がどうしているのかといったこと

は、まったくわからない。年齢からすれば、すでに結婚し、子どもがいてもおかしくはないだろう。

――と、たったこれだけの出来事だが、この話には後日談がある。

数年後、ローマでホテルマンをしている親友のルイジにこの出来事を話したところ、しばらくの沈黙の後、私にこんなことをいった。

「君は日本人だから知らなくて当たり前かもしれないが、十六世紀のローマに、ベアトリーチェ・チェンチという女性がいてね。実父殺しの罪で処刑されたんだ」

それが、サンタンジェロ城橋の広場だったんだよ、とルイジはいった。

現在は観光客で賑わっていて、当時を偲ぶようすがもないが、そんな悲惨なことがあったのだという。勉強不足でまったく知らなかったため、後日自分で調べたところ、それはこういった話だった。

一五七七年、ローマ貴族の名家であるチェンチ一族の娘としてベアトリーチェは生まれたが、一族の長である父親はその暴力的な気性からついにローマにはいられなくなり、山奥の城へ逃げるように隠れた。父親はベアトリーチェを奴隷のように酷使し、美しい娘の肉体を痛みつけると同時に、いつしかそれに快感を覚えるようになり、ある日、実の娘であるベアトリーチェを犯してしまった。絶望的な日々から逃れるため、ベアトリーチェは父親の殺害を企て、家族とともに実行した。その当時、家長を殺害することは極刑に値する重罪とあって、裁判所は直ちに死刑判決を彼女に下した。ローマ市民はベアトリーチェに深く同情し、死刑に強く反対したが、その願いも虚しく、時のヴァチカンの教皇クレメンス八世は、チェンチ家の領地と財産の没収をし、一族全員に死刑を言い渡した。そして一五九九年九月、テヴェレ川に架かるサンタンジェロ城橋の広場でベアトリーチェは断頭台で死刑に処された。広場に集まっていた市民は怒りのあまり暴動を起こし、たくさんの死傷者を出したという。

ルイジいわく、この悲劇のヒロインの名前は階級社会に対するレジスタンスの象徴にもなっていて、現在でもイタリア人、とりわけローマ市民であれば知らない者はいないとのことだった。少し話は異なるが、フランスのジャンヌ・ダルクのような存在かもしれないね、と彼はいった。

そしてこう続けた。

ベアトリスのスペルは「BEATRICE」だよね。死刑になったベアトリーチェもまったく同じなんだ。つまり、国によって読み方が違うだけで、同じ名前ということだよ。これって、偶然にしても出来すぎた話じゃないか。

紙切れ

Iさんは以前、林のなかで首吊り死体を発見したことがある。

警察に通報し、ひと通り調書を取られた後に帰宅すると、上着のポケットに折り畳まれた紙切れが入っている。なんだろうと開いてみたら、殴り書きで半分も読めなかったが、故人の遺書だったという。

伯母の家

F子さんという漫画家の方の話である。

十五年前のこと。

専門学校に入学するため、F子さんは群馬の実家を出て、東京S区にある、築百年近い一軒家に住むことになった。

そこは親戚が所有する建物で、ひとりで住んでいた伯母が前年に亡くなり、住む者がいないので、F子さんにどうかと父親が探してきたのだという。

一軒家といっても、生前伯母は一階のみに居住し、二階は近くの学生向けに貸し出していたそうである。しかし、風呂もないような古い部屋に住みたがる者は少なく、亡くなる数年前から借り手が付かなくなった。年金のみで細々暮らす侘《わび》しい晩年だったそうだ。その後は近くに住む遠縁の四十代半ばの男性が、仕事の作業場として使っていたので、Ｆ子さんは二階の部屋の一室を借りることになった。

二月のある日、引っ越しに先立って父親と下見に来てみると、まず家の古さに愕いた。なんとなく和風の古民家をイメージしていたのだが、意外にも鉄筋コンクリート造の洋風建築である。

父も初めて来たようで「なんだ、ちょっとした由緒あるレストランみたいじゃないか」などという。よくいえばそんなふうに見えなくもないが、基礎の土台や壁などのコンクリートは大方ひび割れているし、蔦《つた》が壁一面に繁茂していて、玄関をも塞ぎそうな勢いだった。

これは後で知ったことだそうだが、鉄筋コンクリート、いわゆるＲＣ造の建物としては、その界隈で最古のものだった。

玄関を開けると、すぐに急な階段が眼に入る。ぎしぎし、と音を立てながら二階に上ると、長い廊下になっていた。右側は煤けた白壁で、左側に部屋が四つ並んでいる。廊下の突き当たりにもドアがあるが、風呂なしと聞いているので、トイレなのだろう。

各部屋を父親と見て回った。どれも同じ間取りだが、なかでも最も綺麗そうに見える一番奥の部屋を使うことにした。

四畳半ほどの江戸間である。外観は洋風なのに部屋の造りが和室なところは、この時代の建物に多い。和洋折衷で面白いかも、とF子さんは思った。

実家から持ってくるものは少ないので、これでも十分な広さだろう。今後色々とものが増えてくるようなら、他の部屋に置かせてもらえばいいのだ。なにしろ家賃が掛からないのだから不満などいっていられない。

――住めば都っていうしね。

東京での新生活に胸を躍らせながら、入学式の押し迫った三月下旬のある日、F子さんは単身上京した。

ひとりで引っ越し作業を終えた、その日の夜。

片付けに疲れて、そろそろ寝ようかと腕時計に眼をやると、すでに深夜の十二時を廻っていた。シャワーを浴びたかったが、近所の銭湯はとっくに閉まっている。仕方なくそのまま眠ることにした。

布団に横になり、どれくらい経った頃だろうか。

階下から、すたすたすた、と誰かが歩く音が聞こえた。それだけではない。押入れか引き戸かわからないが、すうっと開く音やそれが閉まる音、ぎいっ、とドアを開け閉てする音が聞こえる。

一階の男性は夕方の六時に仕事を切り上げ、とっくに帰ってしまっている。そのときに自分が玄関の施錠をしたのだ。誰もいるはずがない。

――まさか泥棒?

その瞬間、突然、耳元でキーンという高い音がした。

小さな音だったが、次第に大きくなってくる。耳鳴りかと思ったが、それとは違うように感じた。と、その瞬間。

みしりっ、と天井が軋んだ。

寝ているちょうど真上の辺りである。堪らず身を起こそうとしたが、ぴくりとも躯《からだ》が動かない。どれだけもがいても、指一本動かすことができなかった。ただ瞼《まぶた》を開くことだけはできた。

部屋のなかをぐるりと見回す。特に変わった様子はない。階下でしていた足音はもう聞こえなくなっている。が、耳鳴りのような音だけはまだしていた。

するとそのとき、ぎしっ、ぎしいっ、と誰かが階段を上ってくる音が聞こえた。視線がドアに釘付けになる。

誰かいる。まさに今、何者かが二階に上がってこようとしている。

――えっ、やだやだッ。

階段を上りきったのか、足音が止まった。そう思った瞬間、タッタッタッタッ、と廊下を急ぎ足でこちらに向かってくる音がした。すると、部屋の前でぴたりと止まった。

ぎいいっ。部屋の外でトイレのドアが開く音がした。

――えっ。

気づくと躯は動くようになっている。身じろぎもせず、横になったまま廊下の様子を窺った。

音はそれきりしなくなった。

布団のなかでF子さんは固く眼を閉じた。そのままじっと動かないようにしていたが、よほど疲れていたのだろう、いつしか深い眠りに落ちていた。


翌朝。

目覚めると、F子さんはすぐに階下へ降りて、玄関の施錠を確認した。

間違いなく閉まっている。縁側やその他の窓もしっかりと鍵は掛けられていた。誰も侵入した形跡はない。

では、あれは一体なんだったのか。何者かが歩き回る足音をF子さんはたしかに聞いたのだ。階段を上ってくる音や廊下を早歩きで向かってきた音は、決して空耳や幻聴ではない。

記憶にある足音と同じ歩調でF子さんは階段を上ってみた。

二階の廊下を突き当りのトイレに向かって急ぎ足で歩いてみる。その振動で、窓枠がぎしぎしと鳴った。

トイレの前に立ち、ドアノブを回すと、ぎいいっ、と蝶番が鈍い音を立てる。

誰もいない。

年季の入った和式便器が窓に向いて据えられているだけだ。誰かが隠れていたような様子もない。やはり気のせいだったのだろうか。

そのとき、モザイクタイルの床に一枚の小皿が置いてあることに気づいた。昨晩は部屋の片付けで手一杯で、考えてみれば二階のトイレのなかは見ていなかった。

小皿を手に取ってみると、盛り塩だった。表面を指先で触れると、簡単には崩れないほど固くなっている。

これは伯母が置いたものに違いない。どれだけの年月ここに置かれていたのだろうか。もしかして、あの足音と関係があるのではないか。

すぐにそう思ったが、伯母は亡くなっているので、真相は知りようがなかった。

あれは生きた人間ではなかったのだ。理由はわからないが、二階の廊下はそういった者たちの通り道のようになっているのではないか。学生たちがこの家に住みつかなかったのは、風呂がないとか、そんな理由だけではなかったのかもしれない。

「それからも足音は毎日のように聞こえました。最初のうちはやっぱり気味が悪かったですね。でも慣れって怖いものです。そのうちあまり気にならなくなったんですよ」

なによりも家賃が掛からない魅力には勝てませんでした、と笑う。それに——。

「トイレの窓を開けると教会が見えるんです。日曜日の朝になると賛美歌が聞こえてきて、それがなんか、よかったんですよね」

結局、結婚するまでその家に住み続けたそうである。

筏

趣味でカヌーをやっているKさんは、ある日、激流のなかを小さな筏《いかだ》が流れてくるのを見た。乗っているのが子どもひとりで、しかも以前その川で溺れ死んだ小学生男児にそっくりなので吃驚《びっくり》してしまった。

ベテランでさえ転覆しやすい難所を、筏は難なく下っていく。

僅か数秒の出来事で声を掛ける間もなかったという。

黒妖犬《ブラック・ドッグ》

ドイツ人の友人、ハンス君から最近聞いた話である。

ハンス君にはカールさんという古い知人男性がおり、その彼から数年前に奇怪な話を聞かされたそうだ。

カールさんは仕事の関係で二年ほど英国のスコットランドに住んでいたとのことだが、その間に二度、黒い大型犬を目撃したそうである。黒い犬というだけなら別段珍しくもないが、不可解なのは、まったく異なる場所なのに、それが同じ犬だったというのである。

黒一色であれば、毛並みに特徴はないので、偶然似た犬だったのだろう、と私の友人がいうと、

「右眼があんなふうに潰れた黒い犬が、そんなにいるとは思えないが」

そう答えたという。

最初に遭遇したのはスコットランドのエディンバラで、深夜、痛飲した帰りに細い路地を歩いているときだった。

街灯の射しこまない暗がりのなかに、真っ赤な光がひとつ見え、なんだろうと近づいたところ、低くくぐもった唸《うな》り声が聞こえた。そこで初めて、それが動物——それもかなり大型の犬であることがわかった。赤く光っているのは目玉に違いない。しかし、なぜひとつしかないのか、どうしてこれほど燃えるような色をしているのか、理解することができなかった。

身の危険を感じ、後退りながら元来た道のほうに振り向き、一気に駆け抜けた。逃げるのは逆効果のようにも思ったが、幸いにも犬は追い掛けてはこなかった。

それから一年ほど経った頃、出張でロンドンに滞在していたカールさんは、夕飯を済まそうと、コヴェント・ガーデン近くにあるパブに入って、ラガービールとピザを注文した。ひとりなのでカウンター席に座っていると、背後から耳に憶えのある低い唸り声が聞こえてくる。振り返ってみると、黒い大型犬が床のうえに腹ばいになって伏せていた。

唸りが気味の悪い重低音となり店内に響き渡っている。が、疎らにいる客たちは、一向にそのことを気にせず談笑している。どうしてこの声に気づかないのか。あるいはわかっているのだろうか。しかし、なぜこうも無関心でいられるのだろう。

その犬の顔を見た途端、カールさんは一気に怖気《おぞけ》だった。右眼が潰れている。残った左眼は、あの一年前の夜と同様、燃えるような真紅である。それはもはや充血などという程度ではなかった。

これはあの夜の犬ではないのか。しかし、前に見たのはエディンバラである。それが六百キロ離れたロンドンの、数多あるパブの店内で再び居合わすことなどありえるだろうか。誰かの飼い犬なのかと周囲を見回してみたが、それらしい者はひとりもいなかった。

こんな状態では食事もできないので、店員を呼んで、後ろの犬をどうにかしてくれ、と頼んだ。すると、なんのことですか、という。ほら床のうえに黒い犬がいるじゃないか、そう強くいうと、店員は首を竦《すく》めながら両手を上げて、まいったな、という表情をした。慌てて振り向いてみると、犬がいない。そんな莫迦なと、すぐに入り口を見ると、長い尻尾の先が扉の向こうにちょうど消えるところだった。

カールさんが黒い犬とイギリスで遭遇したのは二回だが、実はもう一回あったという。それは、彼がプライベートで訪れた日本でだった。

横浜に住む知人を訪ね、食事をした後、ホテルまでの道すがらひとりで外国人墓地を散策していたときだった。

所狭しと並んだ墓石と墓石の間に、なにか黒い影が、ちらりと見えた気がした。誰かいるのかと思った瞬間、あの唸り声が聞こえ、彼はまさかと息を呑んだ。

――いや、そんなことがあろうはずがない。ここは遠く海を隔てた日本なのだ。そうだ、これは幻だ。最初から犬などいやしないんだ。この畜生が、ふざけるなよ！

素早く墓石の裏に回り込むと、果たしてそこには、右眼が醜く潰れた黒い犬が今にも跳び掛らんばかりにカールさんの喉仏の辺りを狙っている。歪んだ口端から薄茶色く汚れた尖った牙が見えた。

「シッシッ、向こうにいけッ」

そう追い払おうとした刹那、カールさん目掛けて犬が跳びかかった。急所は免れたが、腕に鋭い痛みが走る。必死に振り払うが、そうするほど歯が喰い込んでくる。

幻ではなかった。このまま俺はここで食い殺されてしまうのだろうか……。

しかし突然、犬は嚙むことをやめ、カールさんの傍から離れた。そして、なぜか墓地の出入り口とは逆のほうに向かい、走り去っていった。

シャツの袖は大きく裂け、ひどく出血していた。すぐに病院へ行って処置を受けたが、幸いにも狂犬病などの感染症には罹《かか》っていなかった。

後日、私の友人はカールさんのその治りかけた腕を見たそうだが、じくじくとひどく膿んでいるようで（本人はもう痛くないといっていたそうだが）、思わず眼を逸らしたくなるほどの傷痕だったそうだ。

そのカールさんだが、今から数年前、出張先のスペイン・バルセロナからドイツ・デュッセルドルフに移動していた際、南仏プロヴァンスの山の中腹に搭乗していた飛行機が突っ込み、亡くなってしまったそうである。

百五十人全員が死亡とのことで、事故は副操縦士による自殺と断定されたという。

集合写真

「これなんだけどさ、見てもらえるかな」

約束の二十分遅れで待ち合わせのカフェにやってきたYさんは、出し抜けにそういった。

初対面の彼は、優に体重が百キロはありそうな巨漢の男である。首が異様に短く、太い。胸のすぐうえに顔がのっているようにも見える。そういう体型のひとに多い温和な印象は微塵《みじん》も感じられない。なにか普通のひとではない、と私は思った。

「ああ、はじめまして。それが例の――」

挨拶もそこそこに、受け取ったのは一枚の写真。

中学生と思われる集合写真である。

校長だろうか。前列中央に、六十年配の髪が薄い男性が、したり顔でパイプ椅子に座っている。その横には四十代後半ほどの女性。このクラスの担任教師だろうか。その脇と背後に男子と女子が分かれる形で、四列になって生徒たちが並んでいる。

ざっと見て四十人ほどいるので、まずまずの大クラスである。その点を除けば、特に変わったところは見受けられない。

Yさんは私の高校時代の友人Sの幼馴染ということだった。ふたりは互いの家が近所なので、幼い頃は一緒によく遊んだそうだ。年齢は私やSのふたつ下ということだが、取材を申し込んだときから、そのぞんざいな口調に私は少々戸惑《とまど》っていた。

Sによれば Yさんの仕事はひとにいえるものではないという。その曖昧な表現から事情を汲み取り、必要以上の詮索はしないことにした。

「Yってやつがさ、写真にまつわる変な話があるっていうんだよ。ただ、ガラがあんまりよろしくなくてさ。性根は悪いやつじゃないんだけど。なんか失礼なこというかもしんねえけど、それでも良ければ――」

そうSがいったのに、私は喰いついたのだった。

どうにか約束を取り付け、会うのはその日が初めてだった。

「拝見したかぎりでは、ごく普通の写真のようですが。これのどの辺が変なんですか」

「わからんだろうな。まあ無理はねえかもしんねえけど。それ、中学んときの卒業式で撮ったやつなんだけどさ。いいから、とりあえず俺を探してみてよ」

困ったひとだ。その日初めて会ったひとの、しかも二十年以上も前の顔などわかるはずがない。いや、探し出せるのかもしれないが、まったく無駄なやりとりではないか。これが俺なんだけど、と指差せば済むだけの話だ。

写真に眼を落とし、Yさんと思しき少年を探していく。女子生徒は見なくていいのだから、二十人ほどのなかから当てればいいのだ。今は堂々たる体躯だが、どこかしらに面影が残っているはずだ。

そう思いながら虱潰《しらみつぶ》しに見ていくが、これがそうだという少年はひとりも見当たらない。この二十年でよほど変わったのに違いなかった。

「あれ、どこですかね。ちょっとわかりませんが」

「だろうな。だってさ、俺そこにいねえもん」

絶句した。おちょくっているのだろうか。なんなんだ、このひとは。

「いや、違うんだ。いねえっていったけど、いるはずなんだ。俺はたしかにあの日、みんなと一緒に並んで写真に撮られたんだよ」

ウェイトレスを指で呼ぶと、Yさんはコーヒーフロートを注文した。

「でも写っていないと。どういうことでしょう。誰かの後ろに隠れてしまっているとか」

「そんなはずはねえよ。写真屋だってプロだぜ。ちゃんと全員が並んだのを確認してからシャッターを切るのが普通だろう」

たしかにそうだ。では、並んで写真に撮られたというのは記憶違いで、この日Yさんは欠席していたのではないか。あるいは——これは考えにくいが——まったく違うクラスの写真を自分のクラスと勘違いしているのではないか。その可能性についても一応訊いてみた。

「そんなわけねえじゃん。欠席だったら写真の右上とかに別の日に撮った小さい写真が普通入るだろ。この写真にそういうのはない。この日、欠席した奴なんていなかったんだよ。それに、これは間違いなく俺がいたクラスだ。この前に座っているオバサンが俺たちの担任だったんだけど、うちのお袋がしょっちゅう呼び出されてさ。それに当時付き合っていた彼女も、ほら、ここにちゃんと写ってる」

不可解である。写真に撮られたはずなのに写っていないとは。

取材をしていると、その場にいないものが写真に写りこんでいる話はよく耳にするが、これは初めてのパターンだった。奇妙ではあるが、いわゆる心霊写真とは少し違う。なにかが写り込んでいるのではなく、肝心なものが写っていないのだ。

コーヒーのおかわりをし、再びテーブルの写真とメモ書きに私は眼を落とした。

「なるほど。このことに気づいたのは写真を受け取った直後でしたか。それとも――」

「いや、それがだいぶ後でさ。写真は実家の俺の部屋に仕舞い込んでたんだ。それが二年前に実家を改築するときに出てきて、お袋が気づいてね。俺が写ってないって。撮られた記憶は、はっきりあるのにな。だいたい俺は写真が大嫌いで、見なおすことなんてないからさ。二十年以上、誰も気づかなかったんだよ、おかしな話だろ」

たしかに集合写真のようなものは、自分が写っていることだけ確認すれば用は済んでしまうのかもしれない。私にしてみても、アルバムを捲《めく》って学生時代の集合写真を仔細に眺めることなど皆無である。そこに自分が写っているかどうかもまともに確認していない気さえしてきた。こういった写真は、卒業して何年か経った後に、懐かしく眺めたりするためのものではないだろうか。彼のように写真が嫌いなひとであれば、自分が写っていないことに気づかなかったとしても、決して不思議なことではない。写っているひとよりも、写っていないひとのことを気づくほうが難しいのではないか、と私は思った。

「それだけじゃないんだ。高校に入って、まあそっちは喧嘩で停学くらって、すぐに辞めちまったんだけど、入学式の写真があるわな。それも探してみたら、やっぱり俺だけ写ってないんだよ。撮られた記憶は、はっきりある。そのとき、誰の横に立っていたのかも」

そういって、もう一枚写真を取り出した。高校入学時の集合写真だった。

「ほら、この男の横に俺は立っていたはずなんだ。でも写っていない。その代わりに違う奴が写ってんだ。奴が誰だか、俺には記憶がねえんだよ」

Yさんが立っていたはずの場所に写っている少年は、どことい って特徴のない、細面の顔立ちのごく普通の少年である。少し大きめな詰襟《つめえり》の学生服を身につけ、腕を真っ直ぐに伸ばして立っている。やや緊張した面持ちだ。今のYさんの容貌から考えても、この少年は断じて彼ではない。

この少年に見覚えがないとYさんはいうが、高校は早々に中退しているのだから、印象の薄い生徒のことを忘れているだけかもしれない。するとそのとき、私はある思いつきから、中学の集合写真に再び眼を落としてみた。ひょっとしてこの細面の少年が中学のほうにも写っているかもしれないと考えたからだ。

この少年はYさんとは似ても似つかない、まったくの別人である。自分でも理由はわからないが、Yさんの代わりに、この少年が中学のクラスにも紛れ混んでいるのではないかと、ふと、そう思ったのだった。しかし――。

中学の写真に細面の少年は写っていなかった。

二枚の写真を交互に見比べている私を、Yさんはうえから覗き込むようにして見ている。

「ああ、中学の写真な。俺が立っていた場所がどこかは覚えてねえよ。でも、ほら、この担任の隣に座っている女の子がいるだろ。……そいつの記憶がねえんだよ、まったく。そいつ以外はみんな、名前もあだ名も覚えてるんだけどな」

　Yさんの指先に写っているのは、やはりなんの特徴もない女子生徒である。肩で揃えたおかっぱ頭で、卵形の顔立ちをしている。眼が小さく、ややのっぺりとした印象。写真が褪色しているためなんともいえないが、他の女子生徒に比べて若干色白のように見える。背筋を伸ばして、こちらもやはり同様に緊張した面持ちだ。

「この少女にも見覚えがない、と……。でも他の同級生は気づくんじゃないですかね。もしクラスメートでない者が紛れ込んで写っていたら」

「よくよく見ればそうかもしんねえけど、集合写真なんて、そんなじっくり見るもんでもねえだろ。大抵の奴は、もらってそのままアルバムに挟んで終わりじゃないのかね。俺は十七で実家を出ちまったから、昔の同級生とは音信不通だし、まったくわからねえけど」

　話はそれで終わりだった。礼を述べ、作品化した際には連絡します、と告げて店を出た。

　この世ならざるものが写り込んでいて生活に影響を及ぼしている——といった話であれば書ける気もするが、これは逆である。それに、この内容だけではどうしようもない。

　結局、話を伺ってから一年半ほど、この件に関しては筆を措いた。その間に何か進展があったり、私のなかで熟成してくるものがあれば、書き出してみようと思ったのだった。

そして、二〇一六年一月中旬のこと——。

私のスマートフォンにYさんから突然電話が掛かってきた。愕きながらも、お久しぶりです、と電話に出ると、挨拶もなしにYさんは話し始めた。

「あの写真の件だけどさ。わかったんだよ、誰が、いや、なにが写ってんのか」

興奮し、落ち着かない様子である。特徴ある低い声が、心なしか上擦っているようだった。

その週、私は用事で他県にいたので、翌週の月曜日の午後に以前落ち合ったカフェで待ち合わせをする約束をし、電話を切った。だが——。

約束の日、待ち合わせの時間になってもYさんは現れなかった。また遅刻か、としばらく待ってみるが、一向にやってこない。痺れを切らし電話を掛けてみると、コール音はしているが、応答がない。

——ドタキャンかよ。

約束を忘れられている可能性もある。あの日、電話越しにでも聞いておけばよかったかなと後悔の念に駆られながら、私は店を後にした。

それからしばらくの間、他の原稿に掛かりっきりだったこともあり、Yさんの写真の一件に関して考えを巡らす余裕がなかった。もちろん忘れていたわけではないが、当のYさんから電話がないので、私のほうでも動きようがなかった。

三月に入ってすぐに、Yさんを紹介してくれたSから電話があり、今晩ふたりで飲まないかという。

Sと会うのは久しぶりだった。私はYさんの一件について話してみた。二枚の集合写真のこと、電話が掛かってきたこと、ドタキャンされたこと――。

眉根を寄せてSは聞いていたが、

「あいつドタキャンしたのかよ。なんか悪いことしちまったな」

そういい、私の空いたグラスにビールを注いだ。

「Yとはそんなに連絡取り合ってないから、実際のところ、なにしてんだか俺もよく知らないんだ。そういや、あいつの仕事っていってなかったよな。あいつさ、ヤクザの下部組織に入ってるんだよ。どうせろくなことはしてないだろうな」

——ああなるほど、それで。

Yさんのぶっきら棒な口調や厳つさの理由がわかり、なにか胸の裡でストン、と落ちるものがあった。もっとも、横柄ではあるが、根っからの悪人という感じではなかった。

電話をしてきたときのYさんは興奮し、なにかに怯えているようだった。二枚の写真を私に見せながら平静を装ってはいたが、内心、あの二枚の写真のことが怖くて仕方がなかったのではないか。ああいう特殊な世界で生きていくのには、始終虚勢を張っていなければならないだろう。そう考えると、彼のことが少し気の毒にも思えた。

それから月が変わってほどなくのこと。

自宅でパソコンに向かっていると、Sから電話が掛かってきた。すぐにYさんのことだろうと察した。

「おお、あいつのことだけどな。あれから俺も何度か電話してみたが、やはり出なかった。それでYの家に直接行って、お袋さんに訊いてみたんだ。Yと連絡を取りたいが、電話に出ないからどうしたらいいかって。そうしたらさ——」

Yさんの母親はSの顔を見るや、突っ伏して泣き出した。

一月中旬のことだというから、おそらく私と会う約束をした前後だろう。

連絡もなしにYさんは突然実家に帰ってきて、昔使っていた自室にこもると、なにをやっているのか数時間出てこなかったという。ようやく部屋から出てくると、何枚か写真を手にしながら、Yさんは母親に向かってこういった。

「お袋とは今日が今生の別れになると思う。今までありがとうな」

それだけ告げると、なにかに追い立てられるようにYさんは家を出て行った。それから毎日のように電話を掛けているが、やはり応答がないという。

「あの子がどんな生活をしているのか、面と向かって訊いたことはなかった。でもわかっていたの。きっと良くないことをしているんじゃないかって。でもね、それでもいいと思ってた。どんなことをしてでも、生きてさえいてくれればいいと」

あの子はなにか大きなトラブルに巻き込まれたのではないか、とYさんの母親はいったという。

撮られたはずの二枚の写真に写っていない自分。その代わりに写り込んでいる、まったく記憶にない少年と少女。Yさんからの電話と取材のドタキャン。

実家に帰ってきたYさんは、自分の部屋でなにをしていたのか。手にしていた数枚の写真はなんだったのか。彼は今もどこかで生きているのか、それとも——。

現在わかっている範囲の事実だけを記し、一旦筆を措くことにする。

なにか新しい事実が判明したり、変わった展開があったりしたら、改めてどこかで発表したいと思う。

水たまり

長く認知症を患っていた祖母が亡くなり、Ｊさんは通夜のため久方ぶりに父方の実家を訪れた。

煙草を吸おうと庭先に出ると、小さな水たまりに足を突っ込み、買ったばかりの革靴が汚れてしまった。

ここ何日も雨は降っていなかったので、誰かがこの場所で水を捨てたのに違いない。

翌日も煙草を吸いに庭へ出ると、再び水たまりに足を突っ込んでしまった。昨日と同じ場所である。前日のは、とっくに干上がっているはずなので、また今日になって誰かが水を捨てたのだろうか。

と、ちょうどそのとき、従兄弟が玄関から顔を出したので、水たまりのことを告げると、

「ああ、祖母《ばあ》ちゃんボケとったでさ、よくそこんとこで尻出して小便しとったわ。そうか、まだおるんやなぁ」

そういわれたという。

上棟式

Ｆさんがまだ十歳にも満たない頃のことで、今から三十ほど前のことだという。

Ｆさんの生まれ故郷の山麓の村では、新築の家を建てる際の上棟式には餅まきが行われるのが一般的だった。

上棟式は施工に携わった大工や工事関係者への慰労の意味合いが大きいが、餅まきは近所の住人への挨拶として執り行われるようである。最近は住宅メーカーによる洋風建築や高層マンションなど、住宅環境の変化もあり、田舎でもほとんど行われなくなっているそうだ。

Ｆさんの実家の近所で上棟式が行われたときのこと。

回覧板で通知された場所に行くと、見知った近所のひとがすでにたくさん集まってきている。Fさんは少年野球に入っていたので、餅をキャッチするのには自信があった。隣家の吉田のおじさんが、Fさんがグローブを持参しているのを見て笑った。

「そりゃあ、ええな。いっぺえ捕って、母ちゃんに汁粉《しるこ》でも作ってもらやいいわ」

餅まきが始まると、みな夢中になってばら撒かれる餅を追いかけた。土のうえに落ちた餅も、我先にと必死になって拾っている。

Fさんはといえば、たったふたつしか捕ることができなかった。

餅まきが終わると、吉田のおじさんがFさんのところに来て、その日の収穫を自慢するように見せびらかしてきた。袋のなかには溢れるほどの餅が詰められている。幾つか袋から出したところで、急におじさんは愕《おど》いたような表情をした。

「なんじゃ、この餅は。紅白じゃなくて黒白じゃねえか。これじゃ鯨幕だ、縁起でもねえ」

おじさんの掌《てのひら》にあるそれは、黒と白の餅だった。てっきり自分にくれるものと思ったが、それを元のように袋に収めると、いそいそとおじさんは帰っていった。

あれから三十年――。

Fさんはすっかり忘れていたが、不意にそのことを思い出し、実家に電話を掛けてみた。あの上棟式をした家と吉田のおじさんのことについて訊いてみようと思ったのである。

「上棟式って、あの広瀬さんのとこかや。でけえ立派な家だったがよ、お前知らなんだか、五年ばかし前に火事で丸焼けよ。若い衆は助かったが、爺さんと婆さんは焼け死んじまったわ。それとなんだ、吉田さんとこか。あそこは息子が商売でこけて大借金作っちまってな、それで家も取られちまって、去年だったか首縊《くく》って死んじまった。奥さんが見つけたらしいんだけども、それ以来ボケちまってな――」

あの日持ち帰った黒白の餅を、吉田のおじさんが口にしたのかは、今ではわからない。

上棟式から三十年経っての凶事が、まさかあの餅のせいだとは思えないが、鯨幕の餅は一体なんだったのか、またどんな味がしたのか、Fさんは気になって仕方がないという。

蛆虫と黄揚羽

六十代の女性Y子さんの弟が三十歳の頃、ある病気のために右脚を切断しなければならないと医師に宣告された。本人はもちろん、家族の者は皆、強い衝撃を受けた。

翌日、Y子さんが病室へ見舞いに行くと、弟が青白い顔で、

「姉ちゃん、俺どうしても脚切らなきゃいけねえのかな。昨夜《ゆうべ》、気味の悪い夢を見ちまって――」

どんな夢なの、と尋ねると、

「夢のなかで俺の右脚はもう切られちまっているんだけど、痛みはまったく感じないんだ。怖いもの見たさから包帯を取ってみると、切った膝《ひざ》のところがどす黒く変色していてさ。そうしたら、切断面になにか白い米粒みたいなものがたくさん付いている。なんだ

ろうと思ったら、傷口からそいつが、ぽろぽろぽろぽろ、次から次へと蠢《うごめ》きながら出てくるんだ。よく見たら蛆虫《うじむし》さ。あまりに気持ち悪くて、そこで目覚めたんだけど——」

手術がうまくいかない予知夢かもしれないとY子さんは思った。脚を切らない別の方法がないかと、今一度、医師に掛け合ってみたが、笑うだけで相手にしてくれなかった。

しかし。

それから二日後、手術にあたって再検査をしたところ、奇跡的にすべての数値が改善されている。しばらく様子をみることになり、一週間後には完全に脚が自力で動くようになった。二週間後には完治して退院したのだという。医師も首を捻《ひね》るだけだったそうだ。

「悪いものを蛆虫として外に出してしまったのが、よかったのでしょうかね」

そうY子さんはいう。現在、彼女と同じ六十代になった弟は、三人の孫にも恵まれ、息子夫婦と元気に暮らしているとのことだ。

ところが最近になって、そのY子さん自身も奇妙な夢を見たそうだ。

朝、化粧をするため鏡台の前に座ると、綺麗に剃髪《ていはつ》され、頭の皮が半分剥がれているのに気づいた。が、痛みや違和感といったものは、まったくない。愕《おどろ》くというより不思議に感じていると、その露《あら》わになっている傷口から、大きな黄揚羽《きあげは》が一頭、たった今、蛹《さなぎ》から羽化したばかりのように這い出てきて、頭頂部に数秒間止まっていた。すると、ひらひらひら、と部屋のなかをひと頻《しき》り舞い、開けていた窓から外に飛び去っていったという。

その翌週、高齢者対象の健康診査があったが、躯には特に異常はみられなかったそうだ。

「もしかしたら、頭部になにか問題があったのが、蝶のおかげかわかりませんけど、治っていたのかもしれませんね」

そうY子さんは語った。

旧い記憶

この話はネタの提供者である私の友人A君が、過去に自身のブログにアップしたことがあるそうなので、すでに知っているという方もおられるかもしれない。

最初にA君からこの話を聞いたのは、二年前の八月の猛暑の最中《さなか》だった。

効きの悪い、冷房の音ばかりがうるさい喫茶店の窓際席で、A君と私は膝《ひざ》をつき合わせていた。話を聞きながら、私はあることを思い出していた。

最初、頭の片隅に薄ぼんやりと生じたそれは、A君が話を終える頃には、はっきりとした形で私の脳裏に浮かんでいた。記憶の奥に仕舞い込み、すっかり忘れていたあることを、その話は突然思い出させたのである。

是非この話を私に書かせてはもらえないだろうかと、A君に打診をし、了解を得た。

話の舞台は私の故郷でもある信州松本である。体験者はA君の父親であるFさんだという。

A君が語ってくれたオリジナルの話に極力脚色が加わらないよう努め、曖昧《あいまい》な部分に関しては、実際の土地を訪れ、綿密に下調べをしたうえで書くようにした。

A君が小学四年生だったというから、今からちょうど三十四年前のことである。

その当時、A君の父親のFさんは長野県にあるS大学の理学部で教鞭を執っていた。

九月初旬のある日、Fさんはゼミの学生四人を引き連れて、上高地へフィールドワークに出掛けたそうだ。

夕方からぽつりぽつりと降りだした雨は、調査を終える頃には本格的な降りとなっていた。大型の台風が近づいていたのである。

雨具を脱ぎ、急いで車に乗り込むと、時刻はすでに夜の十一時を廻っている。

この上高地へは、Fさんの車に学生たちを乗せて来ていた。

平成八年度から上高地はマイカー規制が敷かれているが、三十四年前の当時は、七月と八月以外は車を自由に乗り入れることができたのだった。

Ｆさんは学生たちを大学キャンパスまで送っていかなければならなかった。彼らは全員が県外出身者とあって、学生寮や大学付近にアパートを借りて住んでいる。多少帰りが遅くなってしまっても大丈夫だろうと、Ｆさんは考えていた。

その日は朝早く出発したこともあり、車を発進させるとすぐに学生たちは寝入ってしまった。

「なんだよ、お前ら若いくせにだらしがないな。ひとに運転させておいて先に寝るとは。まったく――」

雨脚は激しくなる一方だった。ワイパースピードを速めても、まったく意味がない。視界はヘッドライトが照らす僅か数メートルばかり。暗闇のなかを少しの明かりだけを頼りに、Ｆさんは腋《わき》に冷たい汗をかきながら、ハンドルを握った。

現在ではアスファルトで舗装されている道路も、当時はまだ未舗装だった。至るところにできたぬかるみにハンドルをとられながら、顔を殆どフロントガラスにくっつけるようにして車を走らせた。

いつもは穏やかな流れの梓川はかつて見たことがないほど水量が増している。まるで巨大な生き物のように黒々とうねり、河川敷に生い茂っている潅木を根こそぎなぎ倒しながら流れていた。

国道一五八号線に入ってからは、民家や街灯もぽつぽつと見え始め、やや安堵を得た。更に車を走らせること三十分。

市街地に入っても、雨脚は変わらず強いままだった。むしろ風の勢いは強くなっている。それでも盛り場はいまだ明るいネオンに包まれていて、それを見ると、なにか地獄から生還したような、そんな気分になったという。

信号待ちのため、交差点で車を停めたFさんは深い溜め息を吐いた。腕時計を見ると、深夜の一時を少し廻っている。

「あと十分ぐらいで着くかな」

そう呟いたが、学生たちは起きる気配がない。仕方ないなと、カーラジオを点けた。ひび割れた音で尾崎紀代彦の『また逢う日まで』のイントロが流れてくる。しかし、外の雨音にかき消されてよく聴こえない。Fさんはボリュームを上げた。その陽気なメロディーで、助手席で眠っていた男子学生が眼を覚ました。

「あっ、着きましたか。すみません、先生に運転させて眠ってしまって――」

「起きたか。まあいいさ。俺の車だ。お前らに運転されてぶつけられたら堪《たま》ったもんじゃないよ。それより、そろそろ後ろの連中を起こしてくれないかな」

Fさんがそういうと、男子学生は手を叩いて眠りこけている他の学生たちを起こしていった。

次の信号を右折すれば、S大学までは眼と鼻の先である。キャンパスの手前の交差点に差し掛かったとき、後部座席の女子学生が突然声を上げた。

「えッ、やだ、なにあれ――」

バックミラーを見ると、女子学生は眼と口をあんぐりと開けて、フロントガラスのほうを指差している。

「……白いものが見えませんか、前に」

皆一斉にフロントガラスの先を見たが、雨の勢いが強く、いかんせん視界が悪い。

Fさんはワイパーの速度を上げてみた。ワイパーが雨垂れを切った僅かな瞬間、ヘッドライトの光芒《こうぼう》が闇を照らす先に、なにか朧気《おぼろげ》な、白い影が見えた気がした。それはちょうど学生たちを降ろす予定にしていた道路脇の空き地だった。

徐行しながら近づいていくと、白い影はFさんにもはっきりと見えた。

女だった。

バケツをひっくり返したような土砂降りのなか、女が傘も差さずにひとり立ち竦《すく》んでいる。九月の初旬とはいえ、信州は深夜ともなれば、すっかり肌寒い。そのうえ、雨まで降っているのだ。

濡れそぼった白い服（ワンピースのようだったが定かではないという）は肌に張り付いていて、華奢な躯《からだ》の線がはっきりとわかった。ヘッドライトに煌々《こうこう》と照らされた顔は、濡れた黒髪で覆われていて、顔立ちや年齢は判然としないが、おそらく若い女性だろうとFさんは思った。

女の立つ手前で車を停め、ヘッドライトを消した。

「やだ、なに」

女子学生の声に後ろを向いたが、皆の様子がおかしいので前に向き直ると、愕《おどろ》きのあまり言葉を失くした。

いつのまに移動したのか、女は運転席のすぐ真横に立っている。学生たちは声にならない声を漏らした。

気味が悪いと思いながらも、なにか困っているひとかもしれないとFさんは考えた。S大学には附属病院もあるのだ。もしかしたら入院患者なのかもしれない。この大学の関係者として、黙って見過ごすわけにはいかなかった。

雨が強いため、運転席のウインドウを少し開けて、声を掛けてみた。

「大丈夫ですか」

女の顔はFさんのすぐ眼の前にあるというのに、青白い街灯が逆光となって、表情は見えない。灯りのためか、露出している肩や腕が異常なほど青白く見える。

女はFさんに向かって、

「上高地まで、乗せていってくれませんか」

まったく予期していなかった言葉に、思わず絶句した。たった今、必死な思いで上高地から帰ってきたばかりなのだ。その場所にこれから乗せていってくれとは、どう考えても無理な話である。それに、この車はタクシーではない。

「私たちは、その上高地から帰ってきたばかりなんですよ。それに、この雨です。そんな格好では風邪をひいてしまいますよ。あなたはこの――」

大学病院の患者さんですか、と訊こうとした瞬間、それを遮《さえぎ》るように再び女はいう。

「上高地まで、乗せていってくれませんか」

学生たちは皆、Fさんと女を交互に見つめながら、言葉を失っている。

これは一体どうしたものか。

そのとき、女の背後から黒い蝙蝠傘《こうもりがさ》を差した中年女性が、すうっと現れた。海老茶色の厚ぼったいコートを着ている。白い薄手の格好の女とは対照的な装いである。

「大変申し訳ございません」

中年女性は傘を女のうえに差しながら、Fさんたちに向かってお辞儀をした。

「この娘はそこの病院に入院しているのですが、眼を離した隙に逃げ出しましてね。ご迷惑をお掛け致しました。さあ戻りますよ――」

そういうと、ふたりの女たちは暗がりのなかに消えていった。

静まり返った車内で気を取り直したFさんは、早く降りなさい、と学生たちに告げた。渋々といったふうに彼らは車から降り、言葉少なに帰っていった。

ひどく疲れていた。躯も冷え切っている。早く帰って熱い風呂に入ろうと、Fさんは家路を急いだ。

翌日は昨晩の豪雨が嘘のように、朝から雲ひとつない晴天だった。

午前の講義を終え、大学の廊下をFさんが歩いていると、ゼミの学生が声を掛けてきた。昨日、助手席に乗っていた男子学生である。

「昨日はお疲れだったな。今朝は遅刻しなかったか」

学生はそれには答えず、ひどく慌てている様子である。

「昨晩、僕たちが見た若い女ですが、医学部に友達がいるので訊いてみたんです。そいつがいうには、そんな入院患者はいないって。それに逃げ出した患者の話など、昨日の夜は出ていないというんです」

「なにをいってるんだ。そんなはずはないだろう。お前たちだって、あの女のひとたちが病院に戻っていくのを見たじゃないか」

「でも先生、よく考えたら病院に戻るには、あの道は裏道もいいところですよ。かなり大回りになるはずです。あのふたりが消えた先にある建物って、あの赤レンガ倉庫ですよね。あれはひょっとして――」

たしかにそうだ。あの道から病院に戻るのは、かなり不自然なことに違いなかった。

学生のいう赤レンガ倉庫とは、明治四十一年に築造された松本歩兵第五十連隊の旧兵舎である。戦時中は陸軍の駐屯地として、戦後は医学部の倉庫として使われていたらしい。

この建物には幽霊が出るという噂があった。軍服姿の兵隊が列をなして倉庫の周りを闊歩《かっぽ》しているだとか、深夜になるとたくさんの子どもの生首が倉庫の窓ガラスから外を見ている、といったようなごくありふれたものだ。

超常現象の類を一切信じないFさんは、そういった話を莫迦げたことだと考えていた。

「そんなこと、俺が認めるとでも思っているのか。ほら、彼女たちには足だってあっただろう。ちゃんとふたつの足で歩いているのを俺は見たぞ」

そういうFさんだったが、その声音が幾分弱くなっているのを自分自身感じていた。

　昨晩はカーラジオの音がよく聴き取れないほど、強い雨が降っていた。Fさんは女に声を掛けるために窓を少し開けたことを思い出した。

　その瞬間、Fさんは、はッとした。

　なぜあれほど明瞭に声が聞こえたのか。それに、迎えに来た中年女性は真冬に着るような厚手のコートを着ていた。肌寒いといっても、九月初旬の服装にしては、まだ早すぎるのではないだろうか。そしてふたりが消えた、あの裏道――。

　背中に冷水を注がれたように背筋が冷たくなっていくのを感じた。そんな己を自嘲するように、学生に向かってFさんはいった。

「ではなにかね、あれは幽霊だったとでもいうのか。まあいいさ。しかし幽霊というのは、あんなにはっきりと話すことができるものなのか。上高地に乗せていってくれ、だなんて」

　すると、学生は眼を瞠《みは》り、愕然とした表情で、

「上高地って、なんのことですか。あのとき、先生は車の窓を少し開けて、女に声を掛けましたけど、あのひとはなにも答えなかったじゃないですか。それに、すぐあのオバ

さんが迎えに来ましたから、女と先生はひと言も喋ってなどいませんよ。僕は真横で見ていましたから間違いありません」

それを聞いて、Fさんは言葉を続けることができなくなってしまったという。

以上がA君の語った話をベースに、私が取材を重ね、リライトしたものである。なんだよくある話じゃないかと思った方も正直おられるかもしれない。実のところ、最初にA君からその話を聞いたとき、話の中盤までは私もそんな感想だった。

しかし、違ったのだ。

終盤に差し掛かるにつれて、記憶の奥底に仕舞い込んで、すっかり忘れていたあることを、私は突然思い出したのだった。すると俄然、この話に興味を抱かざるを得なくなったのである。

Fさんがこの体験をしたという、今から三十四年前、私はこのS大学附属病院に入院していたのだった。それは小学四年生の春から夏にかけての時期だった。すでに完治しているし、ここでは関係ないので病名は伏せるが、入院期間は三ヶ月ほどだった。

Ｆさんの息子であるA君は私と同じ年齢である。A君が父親からこの話を聞いたのも小学四年生のときだったというから、Ｆさんの体験はおそらく私の入院と同じ年の出来事ではなかったかと思われるのだ。

話のなかの季節は九月初旬であるから、私が入院していた時期のほうが数ヶ月ほど早かったことになる。つまり時系列でいうと、私が退院をした後に、Ｆさんは同じ病院の付近で、斯かる体験をしたと考えられる。

私が入院し、院内生活にも慣れてきたある日のことだった。

病室にばかりいたらよくないわよ、と看護婦にいわれ、私は病院の中庭に出てみた。なるほど建物のなかと違い、暖かな陽光が燦々《さんさん》と降り注いでいる。しばらく立っているだけで、体温が上がってくるような気がした。

ベンチに座る入院患者たちは見舞い客と楽しそうに語らっている。大きな声で笑っている者もいた。そこだけ見ると、ここがとても病院の敷地のなかとは思えなかった。

空いているベンチに腰を下ろすと、突然私に話し掛ける声がする。周囲がうるさいこともあり、なんといわれたのか聞き取ることができなかった。声のしたほうを見ると、色の白い、細身の若い女性が、私のいるベンチの横に立っていた。

十歳ほど年上に見えた。おそらく二十歳前後というところか。ぱっと見の印象の薄い顔立ちだったように思う。

女性の耳には補聴器が付けられていた。それを見て、女性は難聴者なのだと思った。同級生に難聴を患う子がいたので、そのことを知っていたのだ。

一瞬躊躇《ためら》ったが、私は聞き返した。すると、女性は手で私を制し、バッグのなかからペンとメモ帳を取り出した。素早くペンを走らせ、それを私に向けて見せた。

「ボクはひとり？　その格好だと、ここに入院しているのね」

それを読み、私は頷いた。女性は黙って横に座った。

「あなたもひとりなのね。かわいそうに」

女性は再びメモ帳にそう書くと、突然、顔を掌で覆い、肩を震わせながら泣き始めた。いきなりのことに私は吃驚《びっくり》した。どうしていいものかわからない。そうしてしばらく女性は涙を流していたが、黙って、私の頭を優しく撫でた。女性は私に同情して泣いたのではなく、自分の身になにか大きな悩みや不安があるのではないかと、私はそのとき感じた。

その日を境に、女性を病院のなかでしばしば見掛けるようになった。最初に会ったときと違うのは、女性の格好が入院服に変わったことだった。

時折、中庭に出てベンチに座っていると、女性はいつのまにか私の横に座っていた。一見して元気がないようだった。女性の患っている病気は、耳とは関係ないのだろうと、私は思った。おそらく内臓疾患などの重い病に罹っていたのだろう。眼に見えて女性の顔色は悪くなり、やつれていった。

それからもベンチで会う度に筆談を交わしたが、印象に残っているものは特にない。三十年以上前のことなので、単に忘れているだけかもしれないが。

ただ唯一、はっきりと覚えているのは、女性が私の家の場所を訊いてきたことである。私は女性の手にしたメモ帳に「上高地に行くとちゅうの町」と書いた。

私の実家は上高地の玄関口であるH町であった。それを見た女性は、一瞬愕いたような表情をした。

そして、なにか考えるようにゆっくりとペンを動かした。

「上高地か。あそこは本当に綺麗でいいところよね。わたしの好きなひとはね、上高地で働いているの。ちょっと遠いから、なかなか会えないんだけど」

たしかに女性はそう書いたように記憶している。

出会ってひと月ほど経った頃から、女性の姿を病院で見掛けなくなった。

当時、女性は完治して退院したものだと私は思っていた。実際のところ、その後、女性がどうなったのか知らないし、今更それを調べる術もない。

Fさんの見た若い女と私が出会った女性が同一人物でなかったかと考えることは、些か強引であるし、それは飛躍しすぎというものかもしれない。

それにFさんは女の言葉がはっきりと聞こえたというが、私の知っている女性は難聴を患っていたので、うまく喋ることができなかったのだ。ふたりが同じ人物と考えるのなら、他にも色々と齟齬《そご》は出てきてしまう。

しかし、なぜなのだろう。

ふたつの像は、仄暗《ほのぐら》い翳《かげ》を身に纏《まと》いながら、私の頭のなかでひとつに収斂《しゅうれん》していくのである。

あとがき

この度は、『恐怖実話　奇想怪談』をお手にとっていただき、誠にありがとうございます。

本書は前著『実話怪談　奇譚百物語』と同様に「奇妙な味」を主題とした怪談実話集になります。今回は百物語で入れることのできなかった比較的長めの話を複数収録してみました。前著同様に一般的な幽霊譚よりも、奇趣に富んだ話——いわゆる奇譚をより広く扱ってみましたが、いかがでしたでしょうか。様々なご感想をお持ちになられたと思いますが、お読みいただいた方々の琴線に触れる話が多少でもあったのなら、著者にとってこれに優る悦びはありません。

近年、怪談関係の書籍は色々な版元から年間に百冊近く（正確に数えたことはありませんがもっと多いかもしれません）出版されている状況です。出版不況が叫ばれるなか、これは活況といっていいのかもしれません。

ひと昔前を思えば、このことは怪談ファンにとって僥倖に違いありませんが、一方で、あからさまに内容が類似したもの、あるいは首を傾げざるを得ないものが散見される事実は、今更私がここで述べるまでもなく、日頃から熱心にお読みになられている皆様のほうが強く感じておられることではないでしょうか。

出版が多いことは、一見ジャンルが盛り上がっているようには見えます。

実際、ある書籍が話題になると、似たような本が矢継ぎ早に出版されます。つまり、売れる見込みがあれば企画は通りやすいわけですが、それらが本当に語る価値のあるものなのか、印刷物として後世に残すべきものなのかどうかというと、これはいずれ時間が証明してくれるのを待つほかありません。

要するに、すべては淘汰されていく、ということになるようです。

このことは、もちろん私自身の著作も含めた話ですから極めて切実な問題ですが、怪談作家はそういった危機感や自戒の念を常に持ちながら、机に向かっていかねばならないだろうと思います。

またひとくちに実録怪談といっても、作家それぞれに特性や嗜好がありますから、作品の読み味は各々異なります。近年の怪談ファンの方は、おそらく描かれた怪異現象そのものよりも、むしろそういった作家の個性を愉しみに本を手に取られる方もいらっしゃるのではないでしょうか。

私たち怪談作家が書き続けていくためには、個性こそ大事なもので、決して十把一絡げという事態にならぬよう、個々のパーソナリティや特徴を存分に発揮したものを綴っていくことが、今後益々必要になってくるのではないかと思います。

くだくだとわけのわからぬ決意表明のようなものを書きましたが、今回のために話をご提供していただいた方々、また出版にあたりご助力くださった皆様、最後まで温かくご指導いただいた担当編集氏に厚く御礼申し上げます。

二〇一七年　文月に　　丸山政也

「超」怖い話　鬼門

渡部正和

怪、滴る。最後の一行で鳥肌が立つ「本物」の恐怖！
衝撃の単著デビュー作『鬼市』より4年、
待望の新作書き下ろし全22話！

怪談手帖　遺言

徳光正行

欲望渦巻く、知られざる現場での異常な事件や
心霊現象を告発する！
終わりなき怪異と恐怖の実話集！

瞬殺怪談　斬

平山夢明、ほか

一瞬の162話！　平山夢明、我妻俊樹、伊計翼、宇津呂
鹿太郎、小田イ輔、黒木あるじ、黒史郎、小原猛、神薫、
つくね乱蔵、丸山政也が贈る即死する実話怪談集！

「超」怖い話　丁

松村進吉（編著）
深澤夜、原田空（共著）

強力メンバー参戦。不安、絶望、戦慄。
煮え滾る恐怖から、ぞっと血の気が引く
瞬間がクセになる。脳髄まで痺れる圧倒的実話怪談！

恐怖箱　常闇百物語

加藤一（編著）
神沼三平太、高田公太、
ねこや堂（共著）

4人の怪談猛者が代わる代わるとっておきのネタを
披露する怪の宴。一話ごとに闇が増す前代未聞の実話。
不気味と不思議の百怪談！

実話コレクション　憑怪談

小田イ輔

あなただけを追いかけてくる！　怪異現象。
悪夢しか見なくなる恐怖譚、怪を引き寄せる男の
実話集！　大人気シリーズ最新刊！

恐國百物語

伊計翼

闇から蘇り蠢く恐怖！　次の犠牲者は誰だ！
取扱注意、怪談社の九十九話。永久に呪われる
怨念の実話…恐怖の語り部集団が贈る百物語！

恐怖実話 奇想怪談

2017年9月5日　初版第1刷発行

著者　丸山政也
デザイン　橋元浩明(sowhat.Inc.)
企画・編集　中西如(Studio DARA)
発行人　後藤明信
発行所　株式会社 竹書房
〒102-0072 東京都千代田区飯田橋2-7-3
電話03(3264)1576(代表)
電話03(3234)6208(編集)
http://www.takeshobo.co.jp
印刷所　中央精版印刷株式会社

定価はカバーに表示しています。
落丁・乱丁本の場合は竹書房までお問い合わせください。

ISBN978-4-8019-1188-8 C0176